編集の学校／文章の学校
（監修）

編集者・ライターのための練習問題101

雷鳥社
RAICHOSHA

はじめに

「編集の学校／文章の学校」は1995年の開校以来、3000人を超える、編集者・ライターを世に送り出してきた。彼らの活躍する場は、出版業界にはとどまらない。仕事の現場のありとあらゆるところに「編集者」「ライター」の仕事は存在するからだ。極端にいえば、仕事のほとんどは「編集と文章作成」だと考えてもいい。

編集とは、ある目的を達成するために、「一見無関係に見えるものを組み合わせて大きな意味を持たせる」「つまらなそうなものを楽しそうに見せる」「わかりにくいものをわかりやすくする」「難しいものをやさしくする」「興味が持てないものに興味を持たせる」仕事だ。「むずかしいことをやさしく、やさしいことを深く、深いことを面白く」という永六輔氏の著作があるが、この本のタイトルは、そのまま編集の極意だといっていい。「集めて選んで切り捨て並び替える」ことによって、バラバラに存在していたときよりもずっと大きな価値を生み出すこと、「方向性を与える」ことによってより大きな価値をつくり出すこと。それこそが編集者に課せられた使命なのである。

その実作業のなかで、必要不可欠にして最重要ともいえるのが「文章作成の技術」だ。文章作成の良し悪しで、「難しいことをやさしく、やさしいことを深く、深いことを面白く」

することもできれば、「やさしいことを難しく、難しいことを浅く、浅いことをつまらなく」することもできる。

どうだろう。「仕事ができるか、できないか」は、「編集能力、文章作成能力の差だ」ということに異論があるだろうか。

この「編集・文章作成の技術」習得のための教科書をつくろうと考え「編集者・ライターのための必修基礎知識」（雷鳥社）を刊行したところ、多くの読者から支持を得ることができた。この書籍の重要エッセンスを1問1答形式で提供したのが本書である。もちろん、この本だけの独自エッセンスも多々加えてある。本書は編集者・ライターだけでなく、「よりよい仕事をしたいと考えている」すべての社会人、学生にとっても、役立つ一冊である。1問1答形式なので、どこのページから読み始めていただいてもいい。好きな時間に、楽しみながら読み進めていただければ、思いのほか大きな果実を手に入れることができるはずである。

すべての読者に編集者・ライターの世界の難しさ、奥深さ、面白さが伝わりますように。

編集の学校／文章の学校 代表　柳谷杞一郎

第1章 編集者の仕事と企画立案のポイント

001
013

問題
001

書籍と雑誌の違いは？

書籍と雑誌の違いは、どこにあるのだろうか？

雑誌は「定期刊行物（月刊誌、週刊誌など）である」という解答は正解ではない。

定期刊行される書籍をつくることも可能だからだ。季刊「編集者・ライターのための練習問題101」をつくってもいいのだ。

ちなみに雑誌の裏表紙には雑誌コード（ex：雑誌××××××−07）、書籍にはＩＳＢＮコード（ex：ISBN978−4−8441−3666−8　C0090　￥1800）がつけられている。

001

出版業界では、「本」と「雑誌」というよりは、「書籍」と「雑誌」というい い方が一般的である。

この「書籍」と「雑誌」の一番の違いは「広告が入れられるか否か」である。

「雑誌」には広告を入れることができるが、「書籍」には広告を入れることができないというルールが存在するのだ。つまり、自社の出版物だからといって、自由に広告を掲載することはできないのである（出版物の広告は許される）。これは、定価の安い（つまり書店や問屋さんにとって、収益性の低い）雑誌が無節操に増え続けることを抑制するためのルールだ。広告を掲載するためには雑誌コードを取得しなければならないのである。ただし、ムックと呼ばれる広告掲載可能な書籍（見た目は雑誌だが書籍コードを持つ。書籍コードと雑誌コードをあわせ持つこともある）も存在する。

問題

002

編集者のＡＢＣ

編集者に必要な能力をＡＢＣで表すことがある。

Ａはアーティストのａ。「編集者たるものアーティストであれ」ということである。

ものづくりを仕事にするのだから、「人にはマネできないオリジナリティを持て」「人の心を動かすものをつくれ」ということだ。

Ｃはクラフトマンのｃ。「編集者たるもの職人であれ」ということである。

モノづくりの現場においては、編集者も実際に手足を使ってものづくりに取り組まなければならない。「タイトル、見出し、キャプション原稿が書ける」「最新の印刷製本事情に造詣が深い」「校正・校閲技術の精度が高い」。

確かにいずれも職人技が必要である。

さて、Ｂとはなんだろうか。

002

編集者に必要な能力のBはビジネスマンのBである。「編集者たるものビジネスマンであれ」ということだ。

残念ながら編集者はアーティストであり、職人であるだけでは足らないのである。出版も経済活動である以上、収益を生み出し続けることができなければ、活動を継続していくことはできない。逆に、収益を生み出し続ける限りはどこまでも継続可能である。「結果として売れる書籍、雑誌をつくれる編集者」が引く手あまたになることは間違いない。

アーティストならば、ものづくりは自分自身の中だけで完結してしまってもいいかもしれないが、ビジネスマンは「お客様がお金を出してくれる商品づくり」に成功しなければならない。職人ならば、完成品の精度が高くなればなるほどいいと考えればいいかもしれないが、ビジネスマンはコストパフォーマンスを常に意識しなければならない。

もちろん、収益さえあげればいいということではなく、社会人として、「きちんと挨拶ができる」「約束を守れる」「筋を通せる」ということも大切である。

問題

003

編集者のP、D、AD、AD

編集者の仕事をP、D、AD、ADとするという考え方もある。

Pはプロデューサーの P。編集者は企画を立て、予算を管理し、スタッフをキャスティングする。Dはディレクターの D。企画意図をスタッフに伝え、制作を管理進行し、仕上がりのチェックをする。

二つあるADのうちの一つは、アシスタントディレクターのAD。編集の仕事は「モデルオーディションの開催手配」「公共施設に対する撮影許可申請」「ロケバス、撮影スタジオ弁当などの予約」「完成本の送付」「ギャラの支払いのための伝票作成」など、雑用に満ち満ちているのだ。編集者はプロデューサー、ディレクターでありながら、アシスタントディレクターも兼務するのである。

さて、もう一つのADとはなんだろうか。

003

もう一つのADは、アートディレクターのADである。

「デザインが王様」といっていい時代だ。編集者はつくろうとしている雑誌・書籍に対するヴィジュアルイメージをしっかりと持っている必要がある。編集者の仕事の中でアートディレクションが重要だということを想像できる人はかなりセンスがいい。現代の雑誌づくり、書籍づくりにおいてはデザインが成否の鍵を握っているといっても過言ではない。

ただし、編集者に実作業としてのデザイン能力を身につけろといっているわけではない。編集者もある程度のデザインセンスを身につけるべきといっているのだ。読者に届く完成形の誌面イメージを具体的に持ち、デザイン実務に携わるデザイナーに対して的確なディレクション（アイデアの提供、方向性の決定）ができればいいのである。

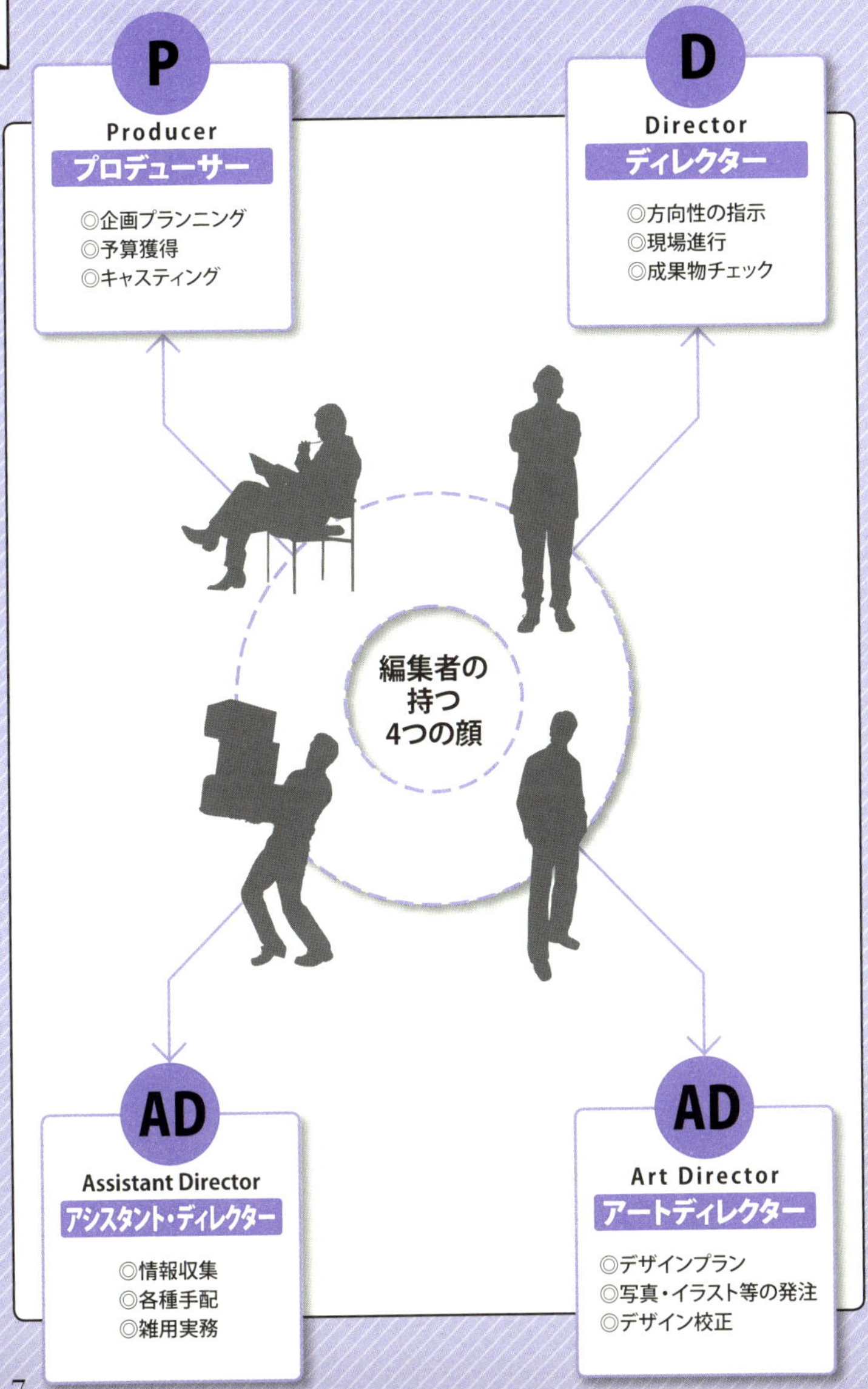
P
Producer
プロデューサー
◎企画プランニング
◎予算獲得
◎キャスティング
D
Director
ディレクター
◎方向性の指示
◎現場進行
◎成果物チェック
編集者の
持つ
4つの顔
AD
Assistant Director
アシスタント・ディレクター
◎情報収集
◎各種手配
◎雑用実務
AD
Art Director
アートディレクター
◎デザインプラン
◎写真・イラスト等の発注
◎デザイン校正

問題

004

出版業界相関図

次ページの図は「出版業界相関図」である。

基本的には、どんな仕事をしているかわかるはずだ。

それでも、業界関係者でない人にとっては、いくつか馴染みのない言葉もあるのではないだろうか。

1. 「取次」って、なんのこと?
2. 「アンカー」と「データマン」ってどんな仕事?
3. 「校正者」と「校閲者」の違いは?

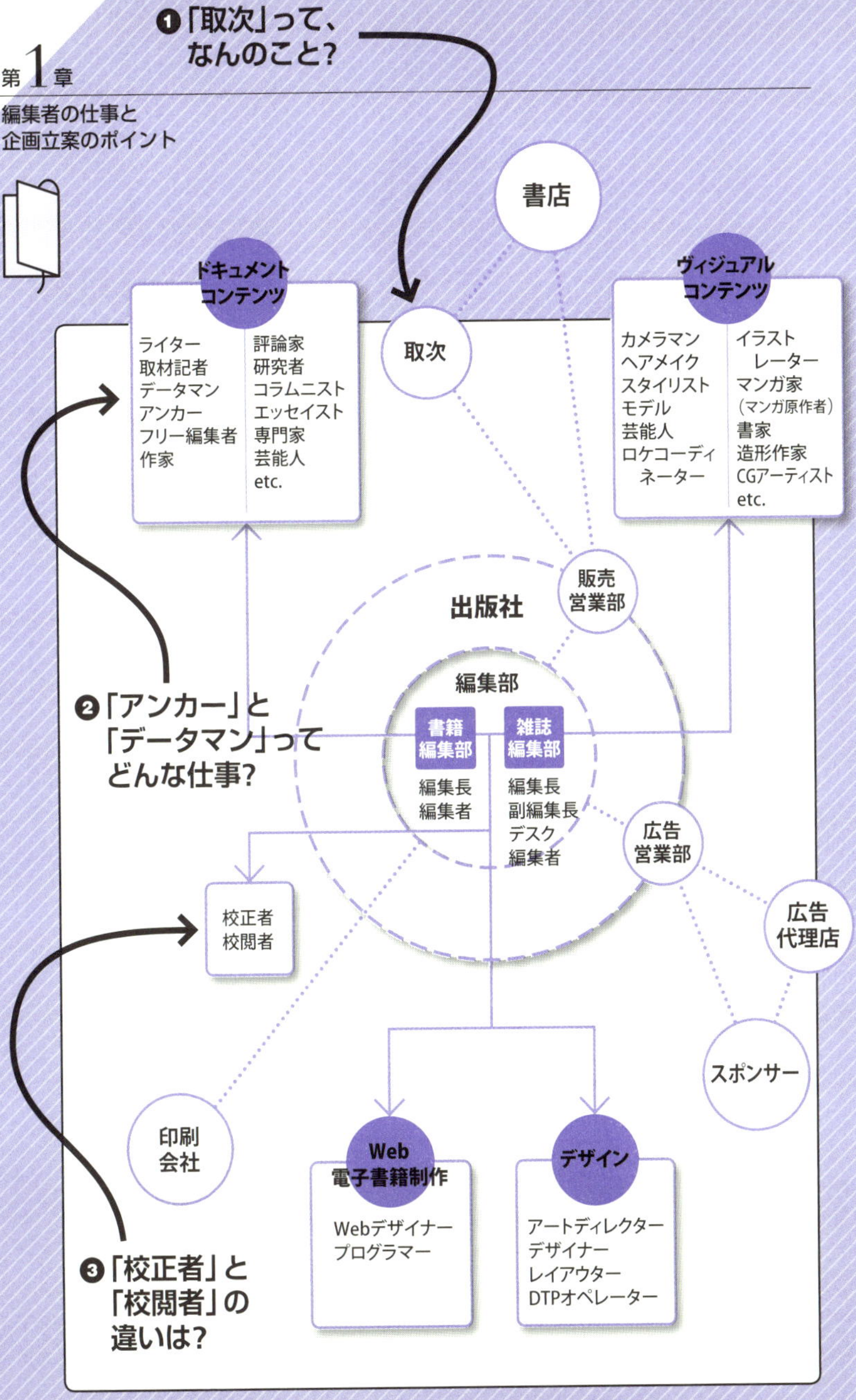
❶「取次」って、
なんのこと？
書店
取次
ドキュメント
コンテンツ
ライター
取材記者
データマン
アンカー
フリー編集者
作家
評論家
研究者
コラムニスト
エッセイスト
専門家
芸能人
etc.
ヴィジュアル
コンテンツ
カメラマン
ヘアメイク
スタイリスト
モデル
芸能人
ロケコーディネーター
イラストレーター
マンガ家
（マンガ原作者）
書家
造形作家
CGアーティスト
etc.
販売
営業部
出版社
編集部
書籍
編集部
編集長
編集者
雑誌
編集部
編集長
副編集長
デスク
編集者
広告
営業部
広告
代理店
スポンサー
❷「アンカー」と
「データマン」って
どんな仕事？
校正者
校閲者
印刷
会社
Web
電子書籍制作
Webデザイナー
プログラマー
デザイン
アートディレクター
デザイナー
レイアウター
DTPオペレーター
❸「校正者」と
「校閲者」の
違いは？

解答

004

❶

「出版業界相関図」における位置からも推測できると思うが、「取次」は出版業界における問屋さんである。出版取次とも呼ばれる。業界的には出版社のことを「版元」と呼ぶ人も多く、まるで江戸時代のような言葉遣いが残っている業界なのだ。

❷

「アンカー」のもともとの意味は船舶の錨である。転じて、リレーにおける最終競技者、ニュースキャスター（アメリカ英語）などの意味にもなった。出版業界においては、執筆の最終責任者のこと。多数で取材をして1本の原稿に仕立てるときの最終執筆者である。このとき実際に現場で取材をして情報、資料、ネタを集めてくるのが「データマン」の仕事になる。

❸

「校正」は、もとの原稿と見比べながら、誤りや不備を正していく作業である。これに対して「校閲」の守備範囲はもう少し広い。もとの原稿にこだわることなく、様々な疑問点を指摘していく作業だ。

問題

005

「ライター」「エッセイスト」「コラムニスト」の違い

「ライター」「エッセイスト」「コラムニスト」の違いってなんだろうか。

005

「ライター」も「エッセイスト」も「コラムニスト」も、文章を書くことを生業にしているということでは共通している。文字通りにその違いをいうなら、エッセイストはエッセイ（見聞や感想）を書く人、コラムニストはコラム（短評）を書く人、ライターはその他色々な文章を書く人ということになる。ただ、出版業界における三つの書き手の違いをいえば、エッセイスト、コラムニストは署名原稿の書き手、ライターは無記名原稿の書き手（もちろん、ライターという肩書で署名原稿を書く人もいるが……）である。少々乱暴な区別のし方をすると、

エッセイスト、コラムニストは「一人称で文章を書く人」、ライターは「一人称で文章を書くことが許されていない人」ということになるだろうか。

名前も知らない誰かが書く文章に「私は」とか「僕は」とかが出てきても、読者が興味を持つことはない。ライターという立場の人に対しては感想や批評を求めたりはしないものなのだ。

問題

006

採用される出版企画とは？

次の出版企画のうち、本書の版元である雷鳥社が採用した企画はどれか。
また、採用されなかった企画はどれか。その理由も考えてみよう。

❶「相続税のことがよくわかる！
家族と資産を守る50のコツ」
❷「相続コンサルタント入門」
❸「簡単！ 安心！ やさしい遺言書の書き方」

「相続コンサルタント入門」
雷鳥社刊／毛利豪著
¥1500+税

006

タイトルだけで企画採用の是非を決定するというのは随分乱暴な話だが、この問題に関していえば、間違いなく雷鳥社は❶❸を選ぶことはない。

❶と❸のような書籍は、多くの出版社が類似書籍をたくさん出しているからだ。

実は出版企画立案は、それほど難しいことではない。書店に並んでいるすべての本は、それぞれの出版社の編集会議で検討され、ＯＫになったものばかりだ。それらの内容に多少のアレンジを加えれば、たいていの企画は成立する。無限にアイデアを出すことが可能だ。しかし、通常出版企画には「独自性」が要求される。「自分たちにしかできないことか」あるいは「自分たちは優位か」を考えなければならない。相続関連分野で雷鳥社の優位性はない。出版するとすれば独自性があるものである。相続税対策を考えている人たちのための本はたくさん出ているが、相続をビジネスにしたいと考えている人たちのための本はまだ少ない。マーケットは小さいかもしれないが、読者は必ずいるはず、ということで企画採用となった。

問題

007

評価されない出版企画とは？

次の出版企画で、雷鳥社がもっとも評価するものはどれか。
また、評価の低いものはどれか。
その、理由も答えよ。

1. 「雅子妃の泥沼嫁姑日記」
2. 「北朝鮮総書記、金正恩のキラキラ寝室エッセイ」
3. 「龍馬暗殺の夜」村上春樹著
4. 「東京農業人」

「東京農業人」
雷鳥社刊／Beretta著
¥1600+税

007

雷鳥社がもっとも評価するのは、❹「東京農業人」である。

正直、残りの❶❷❸をもし出版することができるなら、とんでもないベストセラーになるだろう。しかしながら、実現の可能性はほぼゼロである。

❶「雅子妃の泥沼嫁姑日記」はタイトルがまずい。もちろんタイトルが「雅子妃、愛の育児日記」であったとしても、実現は難しいだろう。

❷「北朝鮮総書記、金正恩のキラキラ寝室エッセイ」もまず無理。この企画を実現できるような北朝鮮トップとの深いパイプがあるなら、ベストセラーはいとも簡単につくれるだろう。

❸「龍馬暗殺の夜」村上春樹著は可能性ゼロの企画とはいわないが、文芸図書を出版しておらず、村上春樹氏とまったく接点のない雷鳥社が採用できる企画ではない。

編集企画にとって大事なことの二つ目のポイントは、その企画に「具体性」（実現するための根拠）はあるか、なのだ。「独自性」があっても「具体性」がなければ、企画は成立しない。この問題の場合は執筆依頼に関する具体性だが、他にも予算に関する具体性、スケジュールに関する具体性など、考慮すべきことはいくらでもある。

問題 008

編集企画における三つのT

編集企画にとって大事なことの三つ目は「話題性」である。「旬」をスピーディに企画に持ち込まなければならない。世間がじわじわと注目し始めたテーマをいち早く見つけ出し、世に出すというのは編集者の仕事の一番の醍醐味といっていい。

つまりはタイミング（Timing）が大切なのである。

さて、編集企画に関する三つの要点を三つのTであらわすこともある。一つ目は編集企画に関して誰もが一番大切だと考えるタイトル（Title）。二つ目がタイミング。

では、三つ目のTはなんだろうか。

008

ターゲット（Target）のTだ。

編集者がきわめて具体的な読者対象（ターゲット）を思い描くことができれば、編集企画は成功への道を進んでいるといっていい。書籍の売り上げは「販売数」×「販売価格」で決まる。1000円の本を1万冊売っても1000万円。1万円の本を1000冊売っても1000万円だ。

ある武術の流派に3000人の弟子がいるとする。この流派の弟子たちの帰属意識は高く、トレーニング書が出版されたら弟子の80％（2400人）は購入すると予測できるなら、このトレーニング書の編集企画は採用される。少々マーケットが小さいので2000円の本にする。それでも480万円の売り上げになるのだ。一方ある日本舞踊の流派に30万人の弟子がいるとする。この流派の家元が指南書を出すという企画はどうだろうか。すでに同じ家元の本が何点も出版されていて希少性が感じられないとか、弟子たちの帰属意識が低いとか判断されれば、この企画は採用に至らない。企画は対象者（ターゲット）をきちんと絞り込んで「これはアナタのための本ですよ」とアプローチすることが大切である。帰属意識の低い30万人よりも、帰属意識の高い3000人を発見できるかが、企画成功の鍵を握っているのだ。

問題 009

タイトルが命！

すべての企画において「タイトル」が、最重要であることを否定することはできない。「タイトル」こそが、最強のキャッチコピーだからである。結果としてベストセラーになった書籍のタイトルには学ぶべき点が多いはずだ。以下のタイトルはいずれも300万部超えをしたモンスターベストセラーである。空欄を埋めよ。

1. （　）不満足
2. （　　）のすすめ
3. 世界の中心で（　　　　）
4. 脳内（　）
5. （　）をひらく
6. （　　）のトットちゃん
7. バカの（　）

009

1万部も売れればベストセラーという時代である。300万部超えは驚異的なベストセラーというしかない。問題になった7作品以外では、「ハリー・ポッター」シリーズ他が何点か加わるだけだ。

❶「(五体)不満足」(講談社)。著者である乙武洋匡の手足のない表紙写真とこのタイトルは強烈だった。「障害は不便であるが不幸ではない」の言葉も印象的。

❷「(気くばり)のすすめ」(講談社)。著者は当時NHKアナウンサーだった鈴木健二。

❸「世界の中心で(愛をさけぶ)」(小学館、片山恭一著)。略して「セカチュー」が流行語になった。

❹「脳内(革命)」(サンマーク出版、春山茂雄著)。サブタイトルは「脳から出るホルモンが生き方を変える」だ。

❺「(道)をひらく」(PHP研究所)。経営の神様松下幸之助による自己啓発書の金字塔。1968年が初版で、古典といってもいいくらいだが、色褪せてはいない。

❻「(窓ぎわ)のトットちゃん」(講談社)。黒柳徹子の自伝的小説。

❼「バカの(壁)」(新潮新書、養老孟司著)。帯コピーは「話せばわかるなんて大ウソ!」。

問題

010

売れるタイトルのためのヒント

以下のタイトルはいずれもベストセラーになった書籍のタイトルをヒントにしたものだ。空欄に入る言葉と、もとになったベストセラーのタイトルを答えよ。

❶「（A）の相続」（すばる舎）、「（A）の年金」（ゴマブックス）、「（A）の介護」（ジービー）

❷「中学受験は親が（B）」（青春出版）、「男はお金が（B）」（綜合法令出版）、「ダイエットは食事が（B）」（宝島社）

❸「察しない（C）説明しない（D）」（ディスカヴァー・トゥエンティワン）、「すぐに忘れる（C）決して忘れない（D）」（朝日文庫）、「キレる（D）懲りない（C）」（ちくま新書）

❹「親の（E）」（PHP新書）、「極道の（E）」（文庫ぎんが堂）、「会社の（E）」（幻冬舎新書）

010

❶ **A＝磯野家、「磯野家の謎」**（飛鳥新社）

「磯野家の……」は今では「一般家庭にあてはめてみると……」の定番表現となった。シンプルだが、心に残る名タイトルである。

❷ **B＝9割、「人は見た目が9割」**（新潮新書）

ちなみに「伝え方が9割」（ダイヤモンド社）もベストセラーとなった。このタイトルは応用しやすい。「女性も見た目が9割」（マガジンハウス新書）、「女は見た目が10割」（平凡社新書）など。

❸ **C＝男、D＝女、「話を聞かない男、地図が読めない女」**（主婦の友社）

印象深いタイトルである。古いベストセラーだが、今でも多くの類似タイトルが出ている。

❹ **E＝品格、「国家の品格」**（新潮新書）

ちなみに「国家の品格」（藤原正彦著）の大ベストセラーの翌年（２００６年）発売された「女性の品格」（ＰＨＰ新書、坂東眞理子著）の方が売れた。「国家」よりも「女性」の方が強いという結果となった。ただし、いずれも日本出版史に名を残す驚異のベストセラーである。

問題 011

創刊女性雑誌の特集タイトルに学ぶ

女性雑誌の創刊号の特集企画のタイトルをいくつかピックアップしてみた。それぞれ、どの雑誌のものだろうか。選択肢から選べ。

1. 「美女には必ずナイショがある！」
2. 「私たちの着る服がない」
3. 「あなたのおしゃれの先生は誰ですか」
4. 「『艶カジ』でいこう！」
5. 「悪女かもしれない」
6. 「美しき野次馬たち」
7. 「英国調チェックは色で着る」
8. 「甘ったれファッションを捨てよう」

A 「CanCam」（1981、小学館）
B 「GOLD」（2013、世界文化社）
C 「美STORY」（2009、光文社）
D 「FRaU」（1991、講談社）
E 「CREA」（1989、文藝春秋）
F 「JJ」（1975、光文社）
G 「VERY」（1995、光文社）
H 「VOUGE girl」（2011、コンデナスト・ジャパン）

011

❶－C、❷－G、❸－H、❹－B、❺－D、
❻－E、❼－A、❽－F

書籍のタイトルと同様に雑誌の特集タイトルは雑誌の命といってもいい。

今回は女性誌の創刊号だけにしぼってみたが、特集タイトルにピンとくるものはあっただろうか。

「ａｎａｎ」は「ひと目惚れされる女になる」「セックスできれいになる」「恋に効くセックス」など名作が多いことで有名。女性誌には、他にも「ＪＪ」の「神戸発『可愛いゴージャス』宣言」、「ｎｏｎ‐ｎｏ」の「『普通でかわいい服が好きっ』宣言！」、「ＶｉＶｉ」の「Ｗｅ ａｒｅ ゴージャスミーハー！」、「ｗｉｔｈ」の「毎日、『着こなし知能犯』になろう！」、「ＣａｎＣａｍ」の「今、この服ビュンビュン売れてます！」、「ＣＯＳＭＯＰＯＬＩＴＡＮ」の「目覚めよ！あなたの中の『いい女』」、「クロワッサン」の「年齢に縛られない人は美しい」、「婦人画報」の「一流の京都、京都の一流」など、参考になりそうな特集タイトルが目白押しである。

問題 012

女性誌の特集タイトルにはアイデアがいっぱい！

以下の空欄に入る地名はなにか（A、B、Cにはそれぞれ同じ地名が入ります）。

❶「毎日目にするものだから雑貨も（A）にこだわりたい！」（Olive）
「真冬の（A）はおしゃれセンスであふれている」（with）

❷「そろそろ大人の（B）」（CREA）
「あなたの知らない（B）があります」（non-no）
「ママと行く、ママに教えてもらう、とっておきの（B）」

❸「流行は全部（C）が知っている」（JJ）
「極上（C）を楽しみつくす！」（CREA）
「（C）、秘密のリスト」（25ans）

012

A＝パリ、B＝京都、C＝ハワイ

女性誌において企画に困ったら、「パリ」「京都」「ハワイ」が鉄板（確実な）ネタといわれる。テレビ業界における「ラーメン」「こども」「動物」と同じである。

問題では八つのタイトルを並べてみたが、正解はどうしてもコレというわけではない。

「真冬のパリはおしゃれセンスであふれている」が一番おさまりがいいような気もするが「真冬の京都はおしゃれセンスであふれている」でも悪くない。

「流行は全部ハワイが知っている」が正解だが、これは「流行は全部パリが知っている」の方がしっくりくるかもしれない。

もちろん、「ハワイ、秘密のリスト」（正解はコレ）「パリ、秘密のリスト」「京都、秘密のリスト」、どれだってかまわないではないか。もちろん「極上ハワイを楽しみつくす！」が）「極上京都を楽しみつくす！」になっても、まったく問題ない。

ベストセラータイトルと同じように、心に残る特集タイトルは何度も使いまわせるものなのだ。

問題

013

企画書作成の肝とは？

企画書の基本構成要素は「タイトル」「企画意図」「構成案」「体裁」の四つである。もちろん、「サブタイトル」、「帯コピー（宣伝用キャッチコピー）」が加わってもいい。著者が決まっていれば「著者名」、「著者プロフィール」も必要だ。企画意図とは別に「読者ターゲット」という項目をもうけてもいい。

本を出したい人と出版社の最適な出会いを創造する場としてスタートしたＮＰＯ法人「企画のたまご屋さん」は、毎朝出版企画を２００社、１０００人以上の編集者に配信している。送られてくる企画書には上記の項目の他、「本書の内容」「監修者／監修者プロフィール」「企画の背景」「原稿完成の予定」「この本を制作するための有利な条件」など、親切すぎる内容である。この企画書、編集者を感心させる項目がもう一つ加えられるのだが、あなたならなにを書くだろうか。企画書に書かれていなければ、編集者自ら調べるべき重要ポイントである。当然企画者自身も確認しておくべきだ。さて、その項目とはなに？

013

「類書」と「類書との差別化」についてである。

類似書の調査・研究は編集者にとって必須の仕事である。ネットで調べるだけでなく、実際に手にとって、確かめることがのぞましい。図書館やネット書店を経由して入手してもいいのだが、可能であれば書店に出向いて自分の目で確かめておきたい。書店の棚の中でどのように見えているのか、ということが結構大事なのである。ネット上のタイトル検索だけでは見つからなかった他の類似書の発見の可能性もある。自分たちがつくろうとしている本が書店のどのような場所に置かれるのかを具体的にイメージするためにも実際書店を訪れた方がいいのだ。類似書の研究後、大切なのは「類似書との差別化」をきちんとすることである。この項目が、明確に書かれていて、説得力があれば、企画採用の可能性はきわめて高くなる。

最重要ポイントの「タイトル」が例え魅力に欠けていたとしても、それは変えてしまえばいい。しかし、多数の魅力的な「類書」が存在し、「類似書との差別化」に説得力がなければ、その企画は見送られてしまうことになる。

第2章

編集者の取材術、文章術

014

022

問題

014

取材依頼書の必須掲載内容とは？

次ページに取材依頼書の一例を掲載した。

1. 自分は何者か
2. 掲載内容の説明
3. 取材内容
4. 取材日程の提案
5. 撮影に関するお願い

など基本的なことは記載されているが、きわめて大切なことが欠けている。いったい何が欠けているのだろうか。

2014年10月10日

中元　麻子　様

「美しい手仕事」編集部
担当　吉川　秀樹
〒000-0000　東京都港区〇〇〇〇一〇
電話　03-0000-0000／FAX　03-0000-0000
E-mail 00000@00000.ne.jp

取材協力のお願い

拝啓
時下ますますご清栄のこととお喜び申し上げます。
月刊「美しい手仕事」は、日本の手仕事の魅力を再考し、その素晴らしさを伝える雑誌です。現在企画を進めております弊誌15号の特集「暮らしに刺繍を取り入れる」におきまして、下記の概要で取材にご協力いただきたく、お願い申し上げます。

敬具

■企画概要テーマ　「暮らしに刺繍を取り入れる」
取材コンテンツ
・刺繍の歴史と魅力
・さまざまな日本刺繍と技法
・暮らしの中で楽しむ刺繍（読者に向けた提案、アドバイス）

■取材場所と撮影につきまして
中元様のアトリエにて取材させていただけますと幸いです。なお、中元様の作品、つくる過程、アトリエの様子、インタビュー風景、お顔写真、の撮影許可をお願いいたします。

■取材希望日　10月下旬（ご都合の良いお日にちをご指定ください）

■掲載予定　「美しい手仕事」15号
発売日2014年12月15日（特集8Pを予定）

お忙しいところ恐れ入りますが、何卒ご協力のほど宜しくお願い申し上げます。

解答

014

この取材依頼書には「連絡方法」が記載されていない。これは致命的だ。

しかし、実際このような取材依頼書を見ることは少なくない。

連絡方法が明示されていないと、取材を依頼された側は不安になる。編集部の担当者名や電話番号、FAX番号は記載されているから、取材依頼に対する返事は、こちらから電話かFAXをしろということなのだろうか。依頼をしておきながら、「返事はそちらからしてください」というのは、少々失礼な話である。もちろん依頼側にはその意思がなかったとしても、連絡方法が明示されていなければ、そう思われても仕方がない。

「10月20日までに、担当の吉川よりお電話させていただきます」というような「連絡方法」に関する一文を入れておくべきである。また取材依頼書をメールに添付するなら、「大変恐縮ですが取材の可否、メールにて10月20日までにお返事いただけるとありがたいです」でもいいかもしれない。ただし、取材対象者が作家、芸能人等の場合は基本編集者が直接電話を入れた方がいいだろう。

問題

015

取材・インタビューのための事前準備

すべての仕事において段取りが重要であることはいうまでもない。以下の事前準備の中で、問題だと思われるものはどれか。

❶ 記事にかかわるスタッフ（編集者、ライター、カメラマンなど）を集めて、ミーティングをおこない、記事の方向性（読者に何を伝えたいのか）を決めておく。

❷ 情報入手に際しては、インターネットを最大限に活用する。一般の人が気づかないような、超レアなお宝情報を一つでも多く入手しておきたい。

❸ 取材対象者が芸能人やアスリートであれば、実際に劇場や競技場に足を運び、自分の目で観ておく。取材対象がお店であっても同じである。その店の商品、サービスを実体験しておきたい。

❹ インタビューのときの、質問項目はなるべく多く用意しておく。方向性がぶれないよう、きちんと質問順も決めておきたい。

解答

015

❷❹には問題がある。

事前準備に与えられた時間にもよるので、❶はできない可能性もある。ただ、スタッフ全員が集まってミーティングができない場合でも記事の方向性についてはきちんと全スタッフに伝えておく必要はある。❸の芸能人の舞台、アスリートの競技等を観ておくというのも、時間が許せばということになるかもしれないが、お店取材において取材当日までに必ず一度はお店を訪ねておきたい。

❷については、事前の情報収集をインターネットに頼り過ぎというのがよくない。インターネットは便利ではあるものの、不確実な情報も多い。特に超レアなお宝情報については、眉に唾をして、情報源を確かめるべきものである。

❹については、もちろん質問項目の準備は必要だが、「なるべく多く」「きちんと質問順を決めておく」は必要ないだろう。記事の方向性に合った基本項目は必ず押さえていくとしても、実際は話の広がりに合わせて臨機応変に質問事項をアレンジしていけばいい。話に広がりを持たせることなく、箇条書きのように質問を並べたインタビューは面白くならない。

問題

016

取材・インタビュー時の注意事項

取材・インタビュー時の注意事項を並べてみた。以下の注意事項の中で、問題だと思われるものはどれか。

❶ 取材に必要な道具を事前にチェックしておく。レコーダー、筆記用具、ノート、カメラなど。撮影はカメラマンがしてくれるとしても、取材者もその場を写真で残しておくとあとあと便利なことが多い。

❷ 取材場所にふさわしい服装ででかける。

❸ 取材場所のテーブルの上にレコーダーを置いておき、インタビュー前の会話、雰囲気も逃さないようにする。インタビュー前の雰囲気も音声情報として重要だ。

❹ インタビュー中は、相手の一挙手一投足に注意を払い、音声情報以外の情報を得るようにする。

解答

016

問題なのは❸である。

取材相手の音声を録音するときには、必ずレコーダーのスイッチを入れる前に「録音してもよろしいでしょうか」と相手の了解を得なければならない。一言ことわるのがマナーである。これは撮影にかんしても同様で、なにもいわず、突然シャッターを切り始めたりしてはいけない。事前に撮影にかんする了解がとれていたとしても、その場でもう一度「撮影始めてもよろしいですか」と声をかけるべきである。

取材の後、書籍・雑誌が発売されたら、掲載ページに付箋をつけて、取材協力者に送る。このとき、通りいっぺんのものでなく、気の利いた礼状が同封できるなら、編集者としての評価は高まるだろう。取材依頼をするときだけでなく、取材終了後も「アナタのことが好きです」という態度を前面に押し出すことが大切なのだ。

問題

017

インタビュアーに必要な能力はなにか

インタビューに臨む前にあらかじめ質問を決めておき、それに従って取材を進めていけば取りこぼしのないいい原稿ができるだろうが、いままで知られていなかった話題を探るとしたらそれでは足りない。なにが必要だろうか。

解答

017

観察力と雑談力

質問をあらかじめ決めておけば、そつのない原稿ができるかもしれない。媒体によってはそれでいい場合もあるだろう。しかし、一問一答式で答えてもらったことをつなげるだけなら、想定内の記事しかできあがらない。それでは何のための取材なのだろう。せっかく生身の人間が目の前にいるのだ。もし、質問に対して面白い回答が得られたのなら、あらかじめ用意していた想定問答をいさぎよく捨てて、ひたすら相手の話に集中し、深く掘り下げていく質問をしていくと、今まで誰も聞いたことのない話が聞けるだろう。話し手の感情が大きく動く時を逃さないようにしよう。そこにこそ、読み手の心を揺さぶるエピソードが眠っている。

インタビューの最中に雑談になることがよくある。なるべく早めに本題に戻るように誘導することが必要なのだが、それを遮って別の質問をするのも、必ずしも賢明な選択とはいえない。雑談にこそ人柄や個性が出る。また、それが本音を吐露する前触れであることも多い。雑談をじっくり聞けることこそ、よい聞き手の条件である。雑談には、その人の興味、世間に見せたい顔、虚栄心、強がり、弱音など、様々な感情が現れる。インタビューの醍醐味は、情報を手に入れることだけではなく、取材対象者が「どんな人か」をあぶりだすことである。レコーダーを切った後や、写真撮影の時など、心が緩んだ時に漏らした言葉が、原稿で一番の決め台詞になることも多いのだ。情報を得るだけなら、インターネットでいくらでも調べられる。だが、「どんな人が」話しているかは、インタビューしてみなければ決してわからない。一見本題とは関係のない雑談を大切にしたいものだ。

［取材アプローチまでのワークフロー］

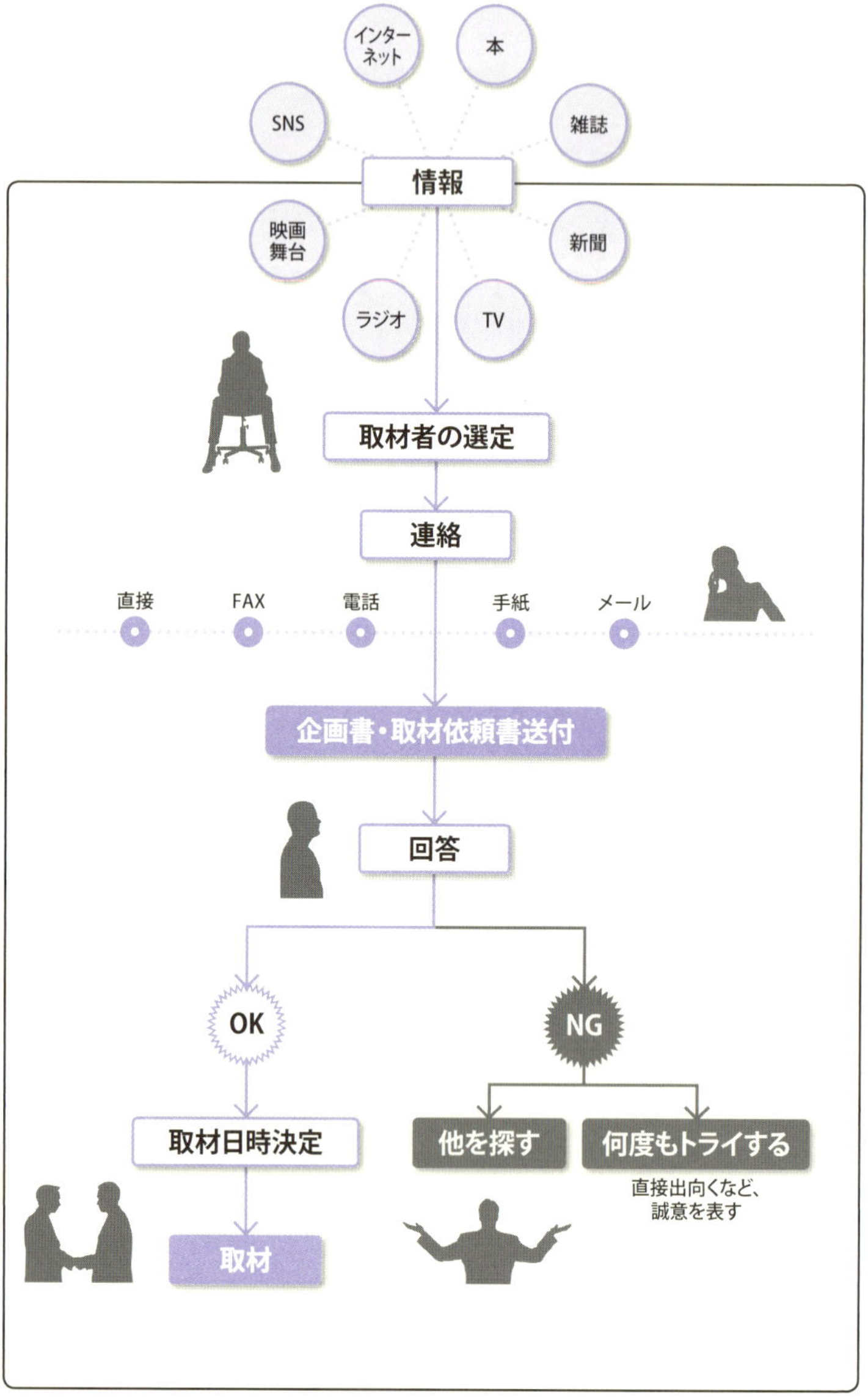

問題

018

テープ起こしした原稿に手を入れる

インタビューを録音したものを、忠実に文章化することをテープ起こしという。ただ、話し言葉はそのままでは読みにくく、意味をとりづらいことも多いので、通常は再構成して最終原稿とする。以下アナタならどこに手を入れるだろうか。

作家Aに対するインタビュー（テープ起こし原文）

だからね、ここへ越してきたの。駅まで歩いたら30分かかるから車は必須だけど、駅名もいいでしょ。眺めもいいし、となりのおばちゃんが、たまに畑で採れた野菜を持って来てくれたりね。これがおいしいの。やっぱりね、もの書きには、見るものとか人とのふれあいとか、そういう時間って大事だと思うんですよね。

【背景】

作家Aは、田園風景が広がる宝積寺駅近くの田舎町に引っ越したばかり。
畑で採れた野菜は小松菜。

解答

018

だからね、この町に越してきたの。移動はもっぱら車ですけど、最寄りの駅は〝宝を積む寺〟と書いて、宝積寺《ほうしゃくじ》って読みます。自宅からは徒歩30分！　でも、いい駅名でしょ。ここで山や空、田畑を眺めながら仕事をしていると清々しいし、たまに、となりのおばちゃんが「小松菜採れたよ」って持って来てくれるんです。これが本当においしいの。もの書きにとっては、見る景色とか、日々の人とのふれあいが作品に表れることが多くあります。そういう意味でも、私は、ここでいい時間を過ごしているなと思いますね。

【要点】

❶ Aさんの語尾「〜ね」を削り、読みやすく調整する。

❷ 駅名、いい眺め、おばちゃんからもらう野菜などを具体的に書き加える。そうすることで、Aさんの今の暮らしの情景が読者に伝わりやすくなる。

❸ 作家であるAさんがいう、原文の「そういう時間」を明確にする。移住したことで得たことや、大事な時間とはなにかがわかるように書き加える。

【特徴のある図書館一覧】

国立国会図書館	http://www.ndl.go.jp/
日本国内で出版されたすべての出版物を収集・保存している。	
大宅壮一文庫	http://www.oya-bunko.or.jp/
雑誌専門の図書館。雑誌記事をデータベース化しているので、記事検索ができる。	
明治大学現代マンガ図書館	https://sites.google.com/site/naikilib/
マンガ専門図書館。マンガの単行本や雑誌など、国内最大級の蔵書数を誇る。	
食の文化ライブラリー	http://www.syokubunka.or.jp/library/
食専門の図書館。食文化情報を発信している「食文化展示室」も併設されている。	
農文協図書館	http://nbklib.ruralnet.or.jp/gaiyou.html
都内唯一の農林水産専門図書館。食べ物、健康、家庭園芸から、農政経済の専門書、古典まで、農業関係の本が揃っている。	
航空図書館	http://www.aero.or.jp/koku-toshokan/koku-toshokan.html
日本で唯一の航空専門図書館。空に関する国内外の出版物の他に、新聞航空記事の切り抜き、ビデオテープもある。	
自動車図書館	http://www.jama.or.jp/lib/car_library/
自動車専門の図書館。自動車に関する国内外の図書や文献、雑誌、過去10年分のカタログなどを保存している。	
森の図書館	http://morinotosyoshitsu.com/
夜（18：00頃～25：00）に営業するお酒が飲める図書館。	

問題

019

文章スタイルを考える

インタビューしたものを記事にする場合、基本的な文章スタイルは以下の3パターンである。

1. 取材対象者の言葉「……」＋取材者の地の文（発言や会話以外の部分）で構成するルポ風のスタイル
2. 取材対象者が「私」として話すモノローグスタイル
3. Q&A、もしくは対談のスタイル

以下の原稿はQ&Aスタイルで書いたものである。ルポ風スタイル、モノローグスタイルへの書きかえに挑戦してみよう。

Q　地図が頭の中に入っているというのは、パン屋の仕事をする上では必須ですか？

A　うちは配送もしているので大事です。パンを送るときに、地名や地図を見て、「もうすぐ桜も咲きますね」など、一筆添えたりするんです。そういうことって大切でしょ。

Q　なるほど。それは、受け取ったお客さんも嬉しくなりますね。

A　私にとっては、商品だけじゃなく、地図もお客さんとのコミュニケーションに役立っているんです。

解答

019

【ルポ風スタイル】

地図が頭の中に入っているというのはパン屋の仕事をする上では必須なのでしょうか。

「うちは配送もしているので大事です。パンを送るときに、地名や地図を見て、〝もうすぐ桜も咲きますね〟など、一筆添えるんです。そういうことって大切でしょ」。

Aさんにとっては、商品だけじゃなく、地図もお客さんとのコミュニケーションに役立っているようです。

【モノローグスタイル】

地図が頭の中に入っていることが、パン屋の仕事をする上で必須なのかと疑問に思う人もいると思います。でも、うちは配送もしているのでそれをすごく大事にしています。パンを送るときに、地名や地図を見て、「もうすぐ桜も咲きますね」など、一筆添えることもあります。そういうことが大切だと思うんです。私にとっては、商品だけじゃなく、地図もお客さんとのコミュニケーションに役立っています。

ルポ風スタイル、モノローグスタイル、いずれの原稿を書くにしても、語るのは「私」となる。書き手は取材対象者の心情、歩んできた道等について深く理解することが求められる。Q&Aスタイルは、もっとも文章は書きやすいかもしれない。その分、聞き手、話し手、それぞれの個性が出るよう工夫すべきだろう。

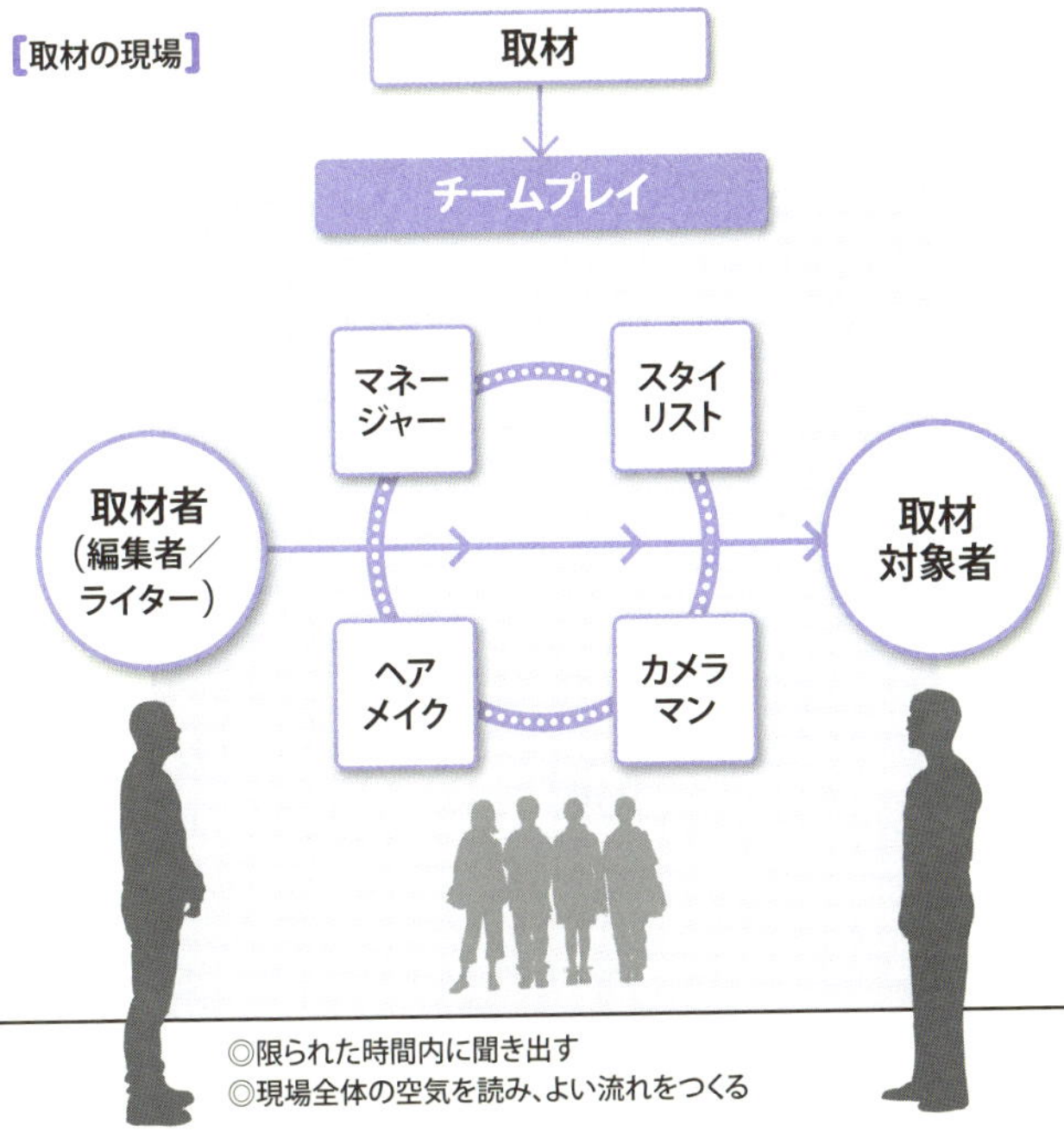

◎限られた時間内に聞き出す
◎現場全体の空気を読み、よい流れをつくる

問題

020

編集者が書くべき文章

ある雑誌の見開きページである。それぞれの文章には名前がある。

以下の選択肢から選べ。

A、B、C、D、E、F、G、H

❶スタッフクレジット　❷記事タイトル　❸小見出し　❹大見出し

❺本文　❻写真キャプション　❼ノンブル　❽リード

解答

020

A＝8　B＝4　C＝3　D＝5
E＝6　F＝2　G＝7　H＝1

編集者は第三者に原稿を書いてもらうのが仕事、と考えている人は多いようだが、そうでもない。編集の現場では編集者も原稿を書かなければならない場面が多々存在する。「タイトル」「見出し」「リード」「キャプション」「クレジット」「帯コピー」などは通常編集者が書くものである。特に「タイトル」「見出し」「リード」「帯コピー」は重要だ。編集者が小説家のような美文名文を書ける必要はないが、雑誌の記事内容や書籍の魅力をよりわかりやすく読者に伝えるためのコピーライターとしての文章力は必要かもしれない。

ちなみに「リード」とは、本文からは切り離された導入部分。文字通り、読者をリードしていく役割を持つ。「キャプション」は、誌面に載った写真や図版に対する説明文。「クレジット」は記事提供者名、スポンサー名、店舗情報、スタッフ名などの必要情報を本文とは別に記載したものである。

問題 021

リードを書く

以下の文章は、書店数の減少が続く中、どのような問題が生じるかを書店員にインタビューしたものをまとめた記事のリードである。読者に興味を持ってもらうためにはどのような工夫が必要だろうか。

近年、町の書店が減少している。その要因となっているのが、オンライン書店や電子書籍だ。書店の未来と書店がなくなって起こり得る問題点を書店員に聞いてみた。

解答

021

課題となっているリード原稿は、記事内容を要約しただけのもの。本文を読みたくなるような仕かけが施されているとはいいがたい。本文を読んでもらうためには、読者をハッとさせるなにかが必要である。例えば、「具体的な数字を入れて説得力を増す」、「読者に対する問いかけを入れて好奇心を煽る」などは効果的である。「アナタの知りたいことの答えがここにありますよ」というのがリード原稿の基本なのだ。

以下に課題原稿を書き直したもの（解答例）を掲載しておく。

町の書店が次々と消えている。この15年間で減った書店は8000店以上。オンライン書店や電子書籍が登場する中、書店に未来はあるのか？　町の書店がなくなったら、いったい何が起こるのか？　最前線で働く書店員を直撃してみた。

問題

022

写真キャプションを書く

上の写真にキャプション原稿をつけください。字数制限は80字とします。
（撮影場所：イースター島、タハイの儀式村）

解答

022

あなたはどんな原稿を書いただろうか。実はこの問題ある大手出版社の入社試験に出された問題である(写真は別のもの)。この写真に「オレンジ色の夕空に浮かび上がるモアイ。モアイの向こうは果てしなく続く海と空ばかりである」というようなキャプションをつけたとしたら、評価はほぼ0点である。このキャプションは写真を見ただけの読者にも書けるからだ。つまり、なにも伝えていないということになる。「タハイの儀式村は観光客だけでなく、島民にとっても夕焼けを愉しむための一等地だ。頭上の飾り物プカオ(髷まげもしくは帽子)が印象的である」と、読者の知らない情報を提供するのが正しい。このキャプション、モアイあるいはイースター島に関する知識がなければ書けない。で、受験者のほとんどの人が0点だったかというと、そうでもない。「写真を見ただけでキャプションを書くことはできません。読者の知らない情報を提供すべきですが、私はその情報を持っていません」と書けば、それはそれで正解だったのである。もちろん本書の読者はモアイについて調べれば、なにかしらのプラスアルファの情報をキャプション原稿に入れられたはずだ。編集者の書く文章が文学的に優れている必要はない。読者にとって役立つ情報、興味深い情報を提供し、読者が喜んでくれればいいのである。

第3章

プロライターの文章作法

023

052

問題

023

文体は統一すること

文章は、文体を揃えて書くのが基本。通常、「である」調（常体）、「です、ます」調（敬体）のいずれかを選ぶ。媒体によって決まっている場合もあるので、掲載される媒体がどのような文体で書かれているのかを事前に確認しておくとよい。

メリット・デメリットをそれぞれ三つ以上あげよ。

❶「である」調のメリット
❷「である」調のデメリット
❸「です、ます」調のメリット
❹「です、ます」調のデメリット

解答

023

❶簡潔な文章になる／断定的で引き締まった印象／情緒的になり過ぎない／語尾に変化（文章にリズム）をつけやすい／メッセージが伝わりやすい

❷堅苦しくなりがち／偉そうな印象を与える恐れあり／読者との間に感情的な壁をつくる可能性あり／ぶっきらぼう、とっつきにくい印象／ものごとの羅列で終わる危険あり

❸柔らかく、丁寧で謙虚な印象／意見、主張をぼかすことができる／不特定多数に向けた文章に適している／顧客向けの文章に適している／子ども向けの文章に適している

❹軽い印象に受け取られる恐れあり／語尾に変化をつけにくい／平板で冗長になりやすい／メッセージがぼんやりしがち／文字数が多くなる

「である」調のときは、漢字の多様を避け会話文を用いるなど〝難しそうな文〟にならないように、「です、ます」調のときは、短く簡潔な表現を心がけ〝ぼんやり、だらだらした文〟にならないように注意。文体を選ぶ際は、書く内容をどんなテイストで読者に届けたいのかによって決めるといい。

問題

024

単語は理解してから使う

好きなことや得意なことが書ける機会は滅多にやってこない。ライターは、人のために書く仕事だからだ。どんなテーマがきても取材して文章にする力が求められる。ネットや雑誌でよく目にするけど、説明しろと言われたらできない言葉は意外にあるものだ。

次のテーマで250字前後の文章を作成せよ。

1. 「SIMカード」
2. 「ミラーレスカメラ」

解答

024

書き手が理解せずに書いた文章は、的が外れていたり読みにくいものになる。「よく理解しているわけではないけど、パンフレットに書いてあったから、そのまま書きました」というのはＮＧ。以下は解答の一例である。

❶電話番号などの契約者情報が記録された電磁的記録媒体。契約者を識別する役割も果たす。ＮＴＴドコモやソフトバンク、ａｕなどの通信キャリアと呼ばれる電気通信サービス事業者が発行するもので、スマホ、ケータイ、タブレットなどのモバイル端末に差し込み、データ通信や音声通話を可能にする。以前は、利用者が他社に流れないように、モバイル端末を購入した会社が発行するＳＩＭカードしか使用できないようロックがかけられていたが、今は、ＳＩＭフリーの端末であれば他キャリアのものを入れて使用することができる。ドコモのスマホに、格安ＳＩＭを入れるなど自由に選べるのだ。

※ＳＩＭカード、通信キャリア、モバイル端末、ＳＩＭフリーなどを把握していないと書けない。

❷内部にミラー（鏡）がないデジタルの一眼カメラ。これまでのデジタル一眼カメラは、内蔵されたミラーが重要な役目を果たしていた。レンズから取り込まれた像を、ミラーに反射させることで撮影者に画を伝える構造になっていたのだ。よって名称は「光が当たって反射する」意の「レフ」が入った、デジタル一眼レフカメラだった。ミラーレスは、レンズが捉えた像がそのまま電子ビューファインダーに反映される仕組みのため、ミラーが必要ない。その分、小型化・軽量化が実現。操作性の難易度も低く簡単できれいに撮れるため人気となっている。

※ミラーレス一眼カメラ、デジタル一眼カメラ、ミラーレスとは？　など、調べることはたくさんある。

問題

025

一文に入れる内容は一つ

「一つの文章では一つのことしかいわない」。これを実践するだけで文章は圧倒的にわかりやすくなる。読みやすく、一読して理解してもらえるものにするには、一度にたくさん情報を入れないことが原則だ。

▼以下の文章を読みやすくせよ。

イースター島の撮影には総額500万円くらいかかっているから、もらった印税だけでは経費を回収できていませんが、ギャラ云々ではなく、自分の本を出版できたことは確実に次の仕事につながり、TV番組や教科書などでも写真が使われることになりました。

解答

025

問題の文章は、下記の情報から成り立っている。

A「撮影するのに500万かかった」
B「出版印税だけでは経費を回収できない」
C「仕事がくるようになった」
D「本を出すよさは、ギャラだけではない」

問題文は、これらの情報が一文に詰め込まれて読みにくい上、内容がパッと頭に入ってこない。解答例では、ここでいいたいことを読みやすい文字数といわれる一行30〜40字を念頭に、区切って整理した。これなら書かれていることが一読して理解できる。文章が長くなって収拾がつかなくなったら、いいたい項目を箇条書きにしてみることをお奨めする。それらを見渡し、どの順番でどう書けば読みやすくなるのかを考え書き直すのだ。

わかりにくくて読みにくい文章になってしまうのは、大抵詰め込みすぎが原因。一つの文章に複数の内容が入っていることもあるが、書きなれるまでは、「一つの情報しか入れない」ことを心がけよう。文法上正しい文章になっていたとしても、いっぺんに多くの情報を与えられると読む人の理解力は落ちる。それが読みにくい、わかりにくい文という印象につながるのだ。入れる情報が一つになれば、当然文章も短くなるし主語と述語がねじれるなんていうことも起こらなくなる。以下に解答の一例をあげておく。

イースター島の撮影には総額５００万円くらいかかっていますから、もらった印税だけでは経費を回収できていません。でも、イースター島関連の仕事の依頼がかなり増えましたね。ＴＶ番組や教科書などで僕の写真が使われることも多くなりました。本が出たことは、ギャラ云々では図れないメリットがあります。

問題

026

同じ語尾を続けない

同じ語尾を続けて効果を出す、という例外を除き、語尾には変化を持たせることが大事。以下を同じ語尾を繰り返さない文に変えよ。

❶「クラシック音楽が好きです。夜、軽く飲みながら聴いたりすると幸せです。お気に入りは、気持ちがハイになるモーツアルトです」

❷「ファッション雑誌の編集をしている。カメラマンにラフを描いて渡したり、ロケハンに行って自分でテスト撮影もしている。最近では、撮影現場にカメラを持参し、仕事の合間にスナップ写真を撮っている」

解答

026

「二つの文章を一文にまとめる」「体言止めを使う」「順番やいい回しを変える」などで、語尾の繰り返しを避けることができる。

語尾に変化がないとメリハリがなく平板になる。文章はリズムも大切なのだ。いくらいいことが書いてあっても、単調な文章は稚拙でつまらなく見える。商業出版物の多くは、受験参考書や教科書とは違い、読む気にならなかったら読まなくても困らないもの。せっかく見つけた価値ある情報を、いかに楽しく読みやすい仕立てにして読者に届けるかを考えるのもライターの重要な仕事なのだ。以下は解答の一例である。

❶「クラシック音楽が好きで、夜、軽く飲みながら聴いたりすると幸せです。お気に入りはモーツアルト。気持ちがハイになります」

❷「ファッション雑誌の編集者をしている。カメラマンにラフを描いて渡したり、ロケハンに行って自分でテスト撮影をすることもある。最近では、撮影現場にカメラを持ち込んで仕事の合間にスナップ写真を撮るようになった」

問題

027

難しく書かない

「難しいことを簡単な言葉で書く」。これができれば仕事に困ることはないだろう。回りくどい表現や難しい漢字が続くと、読者はストレスがたまり楽しく読めなくなる。「とっつきにくい内容だと思っていたのに気づいたら読み終わっていた」「やっとこの問題の中味がわかった」と思われる文章が書ければライターとして一人前だ。

次の言葉を専門用語をなるべく使わず伝えよ。

「3D映画」

解答

027

【解答例】

飛行機がスクリーンを飛び出し目の前に迫ってきたり、鳥が触れるくらい近くにやってきたり、まるで現実世界のように感じることができる映画。3Dとは、three-dimensionalの略で、縦・横・高さで表される3次元のこと。3D映画とは3次元の映像ということだ。映像に特殊な加工を施し専用メガネをかけて見ることで本来平面であるはずのものが立体的に見える。

【「難しく書かない」ための基本ルールは以下】

・漢字を多用しない
・平易な文章で書く
・専門用語はなるべく使わない、使うなら必ず説明を
・読者が知っている情報も入れて話題についていけるように

問題

028

同じ単語・いい回しを続けて使わない

一つの文章や一つの段落に、同じ単語や表現が何度も出てくると、しつこい印象を与えてしまうし、文も平板になる。これを書いたライターは、「語彙力が低い・言葉を知らない」と思われる危険も。異なる単語や代名詞を使う、いい方を変えるなどで多用は回避できる。以下の文章を修正せよ。

❶「先週の日曜日、友人と雑誌で見つけた人気のパン屋さんに行ってきました。店に着いたのが午後1時。人気店だけに、店内は人でいっぱいでした」

❷「チュニックは体型がカバーできるのでよく着ます。滅多に衝動買いはしないのですが、このチュニックは胸元のシャーリングに惹かれて即買いでしたね」

解答

028

同じ単語や表現が何度も出てくるときは、以下の4項目をチェックしてみるとよい。大抵の問題はこれで解決する。

(1) 言葉を省いてみる

同じ言葉が出てきたら、その言葉そのものを削除してみる。繰り返し使わなくても意味が通じる場合が多い。

(2) 類語辞典を活用し言い換えられないか調べる

日本語には、同じ意味を持つ言葉がたくさんある。「食べる」を例にとっても、「口にする」「腹に入れる」「ほおばる」など様々な表現がある。

(3) 指示代名詞を使う

「これ」「それ」「あれ」など、先に出た名詞をその言葉を使わずに表す。ただし、用いるときは名詞が出た直後に。離れて使うと、「それ」が指し示すものがどれなのかわからず読者が混乱する。

(4) いい回しを変える

単に形容詞や名詞を変えるというのではなく、文意をくみ取って内容を変えずに表現を変える。

【解答例】

❶「先週の日曜日、友人と雑誌で見つけた人気のパン屋さんに行ってきました。着いたのが午後1時。さすが話題になっている店だけにすでに人でいっぱいでした」

問題の文章は、3行の中に、「店」という文字が3回出てくるが、なくても意味が通じる2度目の「店」を削除し、表現を変えて1回に。2回出てくる「人気」もいい回しを変えて1回にした。

❷「チュニックは体型がカバーできるのでよく着ます。滅多に衝動買いはしないのですが、これは胸元のシャーリングに惹かれて即決でしたね」

チュニックを指す言葉を指示代名詞に。ここでの話題はチュニック以外にはないので名詞でなくても意味が通じる。「即買」を「即決」に変更しても、買うことについていっている文章なので、即決が買うことをすぐに決めたことだとわかる。

問題

029

文章はリズムと思え

わかりやすくスラスラ読める文章は、リズムがいい。リズミカルに書かれたものは、読者を飽きさせず最後まで楽しく読んでもらえるものだ。テーマを考えたり、何人にも取材交渉したり、何度も書き直しをしたりと、文章を仕上げるまでには、長い道のりがある。せっかく苦労して書いたものを読んでもらえないことほど、ライターにとって残念なことはない。人々に大事なことが伝わらないことにもなる。

リズムをよくするための以下の要素を何点か用い、問題文をリズムのある文章に変えよ。

短文と長文を組み合わせる／歯切れよく／後押しする／軽い言葉と重い言葉／遠近感／クローズアップ／会話にする

月に10万くらい稼げればなんとかなるという人もいれば、最低40万はないと生活できないという人もいます。転職する場合は、冷静に自分の経済状況も踏まえて仕事先を選択する必要があります。

IT業界への転身を目指す元証券会社勤務のKさん（30歳）は、ひとり暮らしで貯金はないに等しいとのこと。退職金も少なかったため固定給があるというのが転職先の条件だったそう。

解答

029

［解答例］

月に10万くらい稼げればなんとかなるという人もいれば、最低40万はないと生活できないという人もいます。転職する場合、自分の経済状況も踏まえて仕事先を選択しなくてはなりません。冷静に考える必要があるのです。

ＩＴ業界への転身を目指す元証券会社勤務のＫさん（30歳）は、ひとり暮らし、貯金はほぼゼロでした。「退職金は1ヶ月暮らせるかどうかという金額だったので、わたしの場合は、生活できる程度の固定給があるというのが転職先の条件でした」

リズムをよくするための方法について、少し解説しておく。

▼短文と長文を組み合わせる

長文が続くと読みにくいし、短文だけだと意味をくみ取りにくい。組み合わせることで、内容も十分伝えられるし、変化に富んだ文章になる。

▼歯切れよく

文末に「〜する」「〜こと」などのいい切りや体言止めを活用すると、文章がスッキリする。

▼後押しする

「〜〜は、やはり〜〜」「ついつい知らず知らずのうちに」など、接続詞や修飾語を使うとその部分が強調されメリハリが出る。

▼軽い言葉と重い言葉を組み合わせる

「禅寺での説法は疲れたココロに沁みました。」「上司や先輩とのタテの関係が〜」など、カタカナで書かれた言葉はリズムが出やすい。

▼遠近感／クローズアップ

「ふと見上げると、遥か遠くには」「近寄ってみると、実はそこには」など、目の前のことを書いている文章に、突然遠くを見る視点を加えたり、ある事柄にフォーカスしたりすると文章に緩急がつく。

▼会話にする

第三者の視点で書いた文章に、本人の語り口である会話を入れることによって、臨場感が増す。

問題

030

文章のねじれをなくせ

主語と述語がつながっていないものや、ねじれている文章は、何がいいたいのかわからない。主語と述語の間に、いくつもの情報を入れたりすると、それぞれの情報がお互いどう関わっているのかがわからなくなってくる。

▼以下の文章を修正せよ。

❶「20代の頃、行ったことのないところに行きたくて、そうしたところは自分が変われると思ったので、だからよく海外旅行をしていました」

❷「わたしの目標は、船で世界一周をしたい」

❸「この場所では、ジンギスカンが有名なレストランがある」

解答

030

【解答例】

❶「20代の頃、よく海外旅行をしていました。行ったことのないところへ行きたかったんです。旅に出れば自分が変われると思って」

「20代は海外旅行をしていた」「行ったことのないところへ行きたかった」「自分が変われると思った」の三つの話が入っている。3文に分ければわかりやすくなる。

❷「わたしの目標は、船で世界一周をすることです」

例文は、主語と述語だけ取り上げると「目標は〜したい」となって、つながらない。名詞が主語になったときは、「〜すること」と名詞で受ける。

❸「この場所には、ジンギスカンが有名なレストランがある」

「には」「では」は、どちらも場所を表すが、「に」の後には状態を表す動詞、「で」の後には動作を表す動詞がくる。

問題

031

情報のウラをとる

「○○は○○だ」といい切る場合、それが本当にそうであるか確証がなければ書いてはいけない。書かれた人に不利益をもたらす危険があるし、不確かな情報が載っている媒体は読者から信用されなくなり買われなくなる。

▼下記はインタビューして書いた文章だが、ウラがとれない。ウソの記事にならないように書くにはどうしたらいいか。

> 「当店が、いま人気のレモン餃子を世界ではじめて作ったんです。元祖です」

解答

031

【解答例】

❶「当店が、いま人気のレモン餃子を世界ではじめて作ったんです。元祖です」と、東京都渋谷区にある「餃子マニア」の店主渡辺正善さん（65歳）は語った。

❷東京都渋谷区で40年餃子店を営んでいる「餃子マニア」店主渡辺正善さん（65歳）は、話題のレモン餃子を世界ではじめて作ったと語るが、元祖を名乗る店は他にもある。レモン餃子発祥の地は果たしてどこなのか。

「自分が世界ではじめてやりました」という話題は、なかなかウラがとれない。たとえ他の人が特許を持っていても「グズグズしていたら他者に真似をされて特許もとられてしまいました」といわれることもある。真実はわからないが少なくとも店主はこのようにいっています、というスタイルでまとめたのが①の文章。②は、本人はそういっているが真相はわからないという疑問を残した書き方。

問題

032

文章の中身＝取材して得た情報

ライターが書く文章は、読者にお金を出して買ってもらうものだ。その対価として、読んだ人に何らかのトクする情報を提供することが求められる。「今、何を伝えたら読者はトクをするか、喜ぶか」「何を知りたがっているのか」を考え、それを伝えるために取材して書くのだ。

▼以下は、ラーメン特集で書かれた文章。
いい文章にするにはどうしたらいいか、考えよ。

❶「スープはコクがあるのにサッパリしていて、全部飲み干せそうだ」
❷「モチモチしてコシがある麺は、食べごたえがあってうれしい」

解答

032

【解答例】

❶「豚骨と魚介にたっぷりの野菜を加え、12時間かけて煮込んで作られたスープは、深い味わいながらサッパリ。これなら全部飲み干せそうだ」

❷「北海道産の小麦粉を使用して作られた自家製太麺は、モチモチしてコシがあり、食感が楽しめる」

「全部飲み干せそうだ」「うれしい」などの書き手の主観的表現は、「根拠」があれば書いてもかまわない。「根拠」とは、読者が読んで、「自分ならどうだろうか」と想像を巡らすことができる情報のこと。「コクがあってサッパリしている」「モチモチしてコシがある麺」も、そう感じた理由、根拠となるものが書かれていないのでピンとこない。読者は、ラーメンを食べたいと思ったときにその店に行きたいと思うかどうかが知りたいのだ。どんな麺か、スープはどんな材料作られているのか、など、ライターが入手しなければならない情報はたくさんある。

問題

033

「美味しい」を使わずに伝えるには？

グルメの特集ページを担当すると、一人で何軒も取材し原稿を書くことになる。同じいい回しはできるだけ使わないのが原則。同じ言葉ばかりが登場する文章は読んでいてつまらない。なにを見ても「かわいい」という人たちと同じように、表現する言葉を持っていない・ボキャブラリーが貧困な書き手と思われてしまうだろう。

▼次の食べ物は？

❶焼きたてのアツアツを口に運ぶ。カリッと焼き上がった皮が破れ、具が口の中にジュワッと広がる。

❷口に入れたとたんに鼻腔を直撃するツーンとした刺激。味わう間もなく辛さが脳天に達する。

❸柔らかな弾力を感じさせつつ、口中でホロリとくずれる肉片。ゼラチン質独特の旨味と脂肪分がとろけあう豊潤な味わい。鮪のトロとも、霜降りの肉のそれとも違う微妙な食感だ。

出典：『dancyu』（プレジデント社）

解答

033

【解答例】

1. 餃子
2. わさび
3. 牛タンシチュー

フレンチレストラン10軒をそれぞれ600字で紹介する、といった場合。「美味しい」という言葉をどこか1軒に使ってしまったら、他店の原稿には使えない。「美味しい」を使用せず、いかにそれを表現できるか、プロはあの手この手で書きわける。そこで必要なのが観察力。原材料は？　調理の仕方は？　色はどうか、香りは？　店内の雰囲気、厨房の作り、食器……。それらから、味を表現するためのヒントがたくさん発見できる。

問題

034

なぜ今それを取り上げるのか

企画を立てたり、記事のテーマを決めるときには、「なぜ今」を必ず考える。マスメディアが扱うものは、一部を除き基本的には時代に沿ったものであるからだ。「今、どうなっている」という旬の話題が最優先される。過去の情報は、すでに散々メディアで取り上げられているから、「なんでいまさら」と思われ興味を持ってもらえない。

とはいえ、昨年流行ったものでも再度取り上げられることはあるし、毎年取り上げられるものもある。「なぜ今」に応える新たな展開があるからだ。毎年花粉の季節には、多くの媒体で「花粉対策」の特集が組まれる。花粉侵入を防ぐメガネが発売されたり、症状を緩和する薬が開発されるなど、昨年にはなかった最新情報を掲載しているのだ。

▼毎年取り上げられるテーマは他にもたくさんある。三つ以上あげよ。

解答

034

❶ダイエット

新しいメソッドが開発されて効果が認められれば季節を問わず誌面を飾る。

❷クリスマス

その年の見どころスポットの紹介や関連商品情報など。他の季節に絡んだ恒例行事である、正月、ハロウィーン、バレンタインデー、GW、夏休み、紅葉なども毎年特集が組まれる。

❸モバイル端末

スマホやタブレット、小型ノートPCは毎年最新モデルが出る。仕事にもプライベートにも欠かせないものとなった。

❹節税対策

株価暴落、増税など、政策的・社会的な動きにあわせた対応策がその時々に取り上げられたり、いままでにない解決方法が注目される。

❺セックス

食欲や睡眠欲同様、生存本能に根ざした欲求だけに、草食化、絶食化などといわれているが、関心が高いテーマ。

問題

035

形容詞を一人歩きさせない

ものごとの状態や人の気持ちを伝えるのに、「大きい」「広い」「美味しい」「美しい」「面白い」「うれしい」などの形容詞は欠かせない。形容詞はライターが新人時代に使い方についてもっとも注意を受けることが多い。そのままではダメ、フォローが必須なのだ。

もっと店内の様子や食べたサンドイッチを具体的にイメージしてもらうには、以下の文章をどう直したらいいだろうか。

> 「今日は、パストラミサンドが有名なcafé shoeiでランチです。店内はとても広くて、ゆったりした感じ。お目当てのサンドイッチは予想通りのボリュームでかなりコスパ良ですよ」

解答

035

問題文には、店内がどのくらいの広さなのかを具体的に示すものがなにも書かれていない。広いといわれて席数１５０のマクドナルド店を思い浮かべる人もいれば、50席くらいある大きなカフェを連想する人もいるだろう。「ボリュームがある」という言葉も、１３８gの「エッグマックマフィンくらい」と思う人もいれば、３０５g「ダブルクオーターパウンダー・チーズ」くらいと思う人もいるだろう。これでは、ｃａｆé ｓｈｏｅｉがどのくらいのスペースのどんな雰囲気の店なのか、サンドイッチがどのくらいの大きさでどんな具材が入っているのか、なんでコスパがいいと思うのか、なにもわからない。

これは、読んで損する記事。読者になんの情報も伝えていない。

「とても広い」「ゆったりした感じ」「ボリュームがある」といった言葉は、形容されたものに対するイメージが人によって異なる。広さやゆったりとした店内をちゃんと伝えたいなら、「〇〇〇〇平米」「〇坪」「〇〇〇席」「テーブルとテーブルの間には、もう一席作れそうなくらい間隔が開いている」「隣の人の話が丸聞こえなんてことはない」などの情報を書く。「ボリュームがある」と書くなら、サイズや重さ具材を。「コスパがいい」と書くなら、その根拠となるものを書かないとなんの情報も伝えたことにならない。

【解答例】

「今日は、パストラミサンドが有名なcafé shoeiでランチです。カウンターと4人掛けテーブルが10卓。加えてギャラリースペースを併設した店内は、テーブルとテーブルが離れていることもあって、広々、ゆったりした感じ。お目当てのサンドイッチは、厚切りのパストラミビーフが6枚入った期待以上のボリューム。付け合せにポテトチップスとピクルスがついて1050円と、かなりコスパ良です」

問題

036

美文不要、固有の情報を

文法も正しく、漢字の間違いもないが、ダメな文章というのはある。

▼どちらがよい文章だろうか。理由も考えよ。

❶「最初の頃は全然仕事ができませんでしたね。原稿は、毎回、上司に何度もダメだしをくらっていました」

❷「3～4年はダメダメでした。企画もまともに出せないし、取材の仕方もわからなかった。400字の原稿が3日かかってもOKもらえない状態でした」

解答

036

文章は、言葉で情報や想いを伝えるもの。だから「具体的なことが書かれている」ことが一番大事。文学ではない文章では、「具体的で固有なもの」が文章の価値を決定する。

よい文章は❷。

❷は、この人ならではの「何年間、どうできなかったのか」が具体的に書かれている。その人だけにあてはまる話が入っている。

❶は、新人のライターならだれでも経験しそうな話なので情報としての価値はない。どこにも通用する表現、どの人にも当てはまることは書かないこと。

A、B、Cの文章を読み比べてほしい。

A「2015年に優れたSF小説に贈られる文学賞を受賞。デビューのきっかけは、ある日書いた作文が人の目に留まったことだった」

B「作家になって数年後の2015年8月に、優れたSF小説に贈られる文学賞を受賞。デビューのきっかけは、出版社の入社試験で書いた作文が、当時の試験官の目に留まったことだった」

C「2012年に作家デビュー。2015年8月30日に、優れたSF小説に贈られる第一回「サンダーバードSF大賞」（雷鳥社主催）を受賞。小説家になったきっかけは、海空出版社の入社試験で書いた作文が田村有美子の目に留まったことだった。現在作家のマネジメント事務所ハッピィボイスの社長である田村は、当時海空出版社の編集者だった」

情報の多さは、A＜B＜Cの順。書かれているものが、人の気持ちであっても流行のゲームの紹介であっても、文章は基本的に読み手に「固有の新しい発見」を運ぶものだ。この三つの文章がそれぞれ異なる雑誌に掲載されているとしたら、どの雑誌を購入したかによって、得られる情報が違ってくる。この作家のことを知りたいと思って買ったとしたら、Aの記事が載っている雑誌を購入した人は損をしたといえるだろう。媒体によって程度はあるが、下記の三つを入れることを意識するとよい。


【固有名詞】

人名、地名、会社名、商品名など、その人・ものだけにつけられたもの。省略せず正しい表記で書く。人物名はフルネーム表記。

【数字】

年月日や売上金額、かかった日数や時間など。ビジネス誌や経済誌は一般誌に比べ数字上のデータが重要視される。

【固有のエピソード】

その店だけ、その人だけにあてはまる話を書く。

問題

037

迷ったら5W1H
5W2Hを頼る

文章の基本は、「いつ（When）」「誰が（Who）」「どこで（Where）」「なにを（What）」「なぜ（Why）」「どのように（How）」の5W1H。これに沿って書けば、ものごとを伝えるのに必要な情報が洩れなく入れられるし、わかりやすい文になる。

▼5W1Hにあたる部分はどれか、確認しよう。

神奈川県横浜市の水戸薫さん（50）が文化の日の11月3日、ヨットで単独無寄港世界一周に挑戦するため愛艇「マリア号」で、同市代々木町の雷鳥ヨットハーバーを出航した。

解答

037

「誰が（Who）」……水戸薫さん（50）
「いつ（When）」……文化の日の11月3日
「どのように（How）」……ヨットで
「なにを（What）」……単独無寄港世界一周に挑戦するため、出航した
「どこで（Where）」……同市代々木町の雷鳥ヨットハーバー

新聞やwebのニュース記事など速報を重視する媒体は5W1Hのスタイルをとることが多い。「どのくらい（How much）」を加えて、5W2Hを基本とする場合もある。雑誌記事は、「起こったことを早く正確に伝える」よりもその記事の企画にあった情報でまとめることが多い。

5W1Hは、書く順番が決まっているわけでもないし、全部揃わないとダメというものでもないが、「なぜ（Why）」を加え、「水戸さんがどうして単独無寄港世界一周に挑戦したのか」を入れたほうがよりよい原稿になるだろう。

問題

038

「れる、られる」の覚え方

「寝れる」「着れる」「出れる」など「ら抜き」言葉が多用される時代となったが、文章中での「ら抜き」言葉は避けたいところだ。

▼以下は、「れる」「られる」どちらが適切か。

1. 見る
2. 食べる
3. 来る
4. 起きる
5. 走る

解答

038

❶ 見られる
❷ 食べられる
❸ 来られる
❹ 起きられる
❺ 走れる

「れる」――五段活用動詞につける
「られる」――上一段・下一段動詞、カ行変格動詞（「来る」だけ）につける

▼「れる、られる」どちらか迷ったら、下記にあてはめてみよう。

「着る」

1）動詞に「ない」をつける
「着る」＋「ない」＝「着ない」

2）「ない」の直前の言葉を確認
「着」語尾の音を延ばすと「きい〜」になる。
「い〜」で終わるのが上一段活用動詞。

↓
「着られる」

「寝る」

1）動詞に「ない」をつける

「寝る」＋「ない」＝「寝ない」

2）「ない」の直前の言葉を確認

「寝」語尾の音を延ばすと「ねえ〜」になる。

「え〜」で終わるのが下一段活用動詞。

↓「寝られる」

「切る」

1）動詞に「ない」をつける

「切る」＋「ない」＝「切らない」

2）「ない」の直前の言葉を確認

「切ら」語尾の音を延ばすと「きらあ〜」になる。

「あ〜」で終わるのが五段活用動詞。

↓「切れる」

問題

039

二重表現を避ける

「一番最初」「まず最初に」「約100個ほどの」といった表現を耳にしたことがあるだろう。特に話言葉ではつい使ってしまいがちだが、これらは同じ意味が重なった間違ったいい方だ。

▼以下の文中にある二重表現を修正せよ。

「今年こそ、ヨガを始めるぞ!」と元旦の朝に決意をした。ここ数年運動不足で体重が増え、メタボまっしぐら。「あのときやっていれば……」と、あとで後悔しないように、早速あるスクールの体験レッスンへ。定員10名なのであらかじめ予約が必要だった。このまま通い続ければ、余分な贅肉が落ちる手ごたえがあり、やる気がでた。

解答

039

「今年こそ、ヨガを始めるぞ！」と元旦に決意をした。ここ数年運動不足で体重が増え、メタボまっしぐら。「あのときやっていれば……」と、後悔しないように、早速あるスクールの体験レッスンへ。定員10名なので予約が必要だった。このまま通い続ければ、贅肉が落ちる手ごたえがあり、やる気がでた。

❖「元旦の朝」

元旦とは、元日の朝のこと。「元日」または、「1月1日の朝」でいい。

❖「あとで後悔」

「後悔」は、あとでくやむことなので、「あとで」は不要。「後悔」か「あとで悔やむ」が正解。

❖「あらかじめ予約」

「予約」は、前もって約束すること。「あらかじめ」は、漢字で書くと「予め」。前もっての意味。

❖「余分な贅肉」

「贅肉」は、余分な肉の意。

問題

040

並列するときは読みやすさに特に注意

意味合いが異なるものを並べたり、未整理のまま並列して書くと、読みにくいし、意味が通じにくくなる。

▼下記をわかりやすい文にせよ。

❶「朝7時に起きて、自分のお弁当づくりと5歳になる娘が好きなアニメ番組を観たがるので一緒に観ています」

❷「起業家として成功するには、人脈・決断力・ビジネスチャンスを逃さないこと・ロジカルシンキングが必要だ」

解答

040

［解答例］

❶「朝7時に起きて自分のお弁当を作った後に、5歳になる娘とアニメ番組を一緒に観ています。この番組は彼女のお気に入りなんです」

問題文は、以下の要素が詰め込まれている。
「朝7時に起きる」「自分の弁当を作る」「5歳になる娘とアニメ番組を一緒に観る」「このアニメ番組を娘が観たがる」

これらをどういう順番でどう組み立てるかを考えるとよい。解答例としてもう一文あげておく。

「朝7時に起きて、まず自分のお弁当づくり。その後は、5歳になる娘が好きなアニメ番組を一緒に観て過ごします」

❷「起業家として成功するには、人脈・決断力・ロジカルシンキング、そしてビジネスチャンスを逃さないことが必要だ」

「人脈」「決断力」「ロジカルシンキング」は名詞、「ビジネスチャンスを逃さないこと」は動詞が名詞化したもの。並列させるときは、品詞を揃えないと、意味が繋がりにくくなる。

並列するものが多いのもわかりにくくなる一因だ。特に決まりはないが、多くても三つくらいに留めておいたほうがいい。以下に、もう一つ解答例をあげておく。

「起業家として成功するには、人脈と決断力が欠かせない。ビジネスを大きくしていくためには自分のやりたいことを論理立ててわかりやすく伝える力やチャンスを逃さないことも必要だ」

問題

041

読者の予備知識を踏まえる

文章を書く前に「読者は誰か」を考えることは必須。伝わる文章にするには、読む相手によって「どこから書くか、どこまで書くか」が変わってくる。

❶モバイルグッズが好きな**15**～**60**歳向けに、代名詞を使って、**25**文字前後の文に書き直せ。

「米アップルが発売しているスマートフォン**iPhone**の、新モデルが発売になるとの情報を入手した」

❷ 30代～40代に伝わるように書け。

「息子に勧められてiPhoneを購入。ちょうど1か月経ちますが使いこなすまでしばらく時間がかかりそうです。先日久しぶりに大学生の姪に会ったら『フリック入力はできるようにしておいたほうがいい』と、いわれました。以前のようにキーを何度も押して文字を出すのは、スピードが遅いし古いやり方を引きずっていてオジサン臭いと」

解答

041

読む人それぞれが知っていること、持っている情報は違う。「読者を想定する」ことで、会ったこともない多くの人に伝わる文章を書くことができる。

【解答例】

❶「あのiPhoneの新モデルが発売になるとの情報を入手した」

❷「息子に勧められてiPhoneを購入。ちょうど1か月経ちますが使いこなすまでしばらく時間がかかりそうです。先日久しぶりに大学生の姪に会ったら『フリック入力はできるようにしておいたほうがいい』といわれました。ガラケーのように、キーを連打するのではなく、指をスライドして一発で文字を表示させるやり方だそう。連打式は入力スピードが遅いし、古いやり方を引きずっていてオジサン臭く見えるようです」

問題 042

媒体の特性にあわせて原稿を書く

以下の情報をもとに「インカ文明におけるジャガイモについて」、「小学4年生向けの学習誌」と「大人向けの旅行誌」に書きわけてみよう。

- じゃがいもは南米アンデスのチチカカ湖畔が発祥の地であるといわれている。
- じゃがいもは3000メートル以上の高地（寒冷地、痩せた土地）でも栽培可能。
- じゃがいもはもともと食用ではなく、アンデスの人々によって食用に改良された。
- アンデスでは冷凍保存により保存食として利用。
- 現在ペルーでは何千種類ものじゃがいもが栽培されている。

解答

042

雑誌に原稿を書くときには、掲載される媒体の特性を把握しておく必要がある。なぜなら、

同じテーマであっても、媒体によって読者が求めている情報が異なるからだ。書き手は、それにあわせて視点や表現方法を変える必要がある。もちろん読者の年齢等にあわせて用語、文体も選ばなければならない。また、一般誌では、幅広い読者に興味を持ってもらえるような内容を求められるのに対し、専門誌ではテーマに対してある程度の知識を持った特定の人に向けた切り口でなければならない。この問題の場合も「大人向けの旅行誌」であれば、「おいしいじゃがいも料理」の具体的情報が加えられるべきだが、情報そのものが問題に提供されていないので、以下の文例には反映されていない。以下に参考文例を紹介する。

❖「小学4年生向けの学習誌」

じゃがいもは、南米のアンデスで生まれました。やせた土地、高い山の上でもつくることのできるじゃがいもは、アンデスでいちばん大切な食べ物です。もともと食用ではなかったジャガイモをおい

しい食べ物にしたのはアンデスの人の知恵でした。こおらせて保存食にすることにも成功したのです。今では世界中で何千種類ものじゃがいもがつくられています。

❖「大人向け旅行誌」

じゃがいもはチチカカ湖畔が発祥の地といわれている。アンデスにおいては、じゃがいもこそが命のもと。痩せた土地、寒冷な気候にも負けることなく実を結ぶ。３０００メートルを超える高地でも栽培可能なのだ。しかも凍結冷凍により保存食としても利用できる。もともと食用に適さなかったじゃがいもを改良し食用化に成功したのはアンデスの人々の知恵と努力の賜物なのである。現在ペルーで生産されているじゃがいもは数千種類にもおよぶ。おいしいじゃがいも料理も楽しむのもアンデスの旅の楽しみの一つである。

問題

043

どんな人に向けて書かれているかを想像してみよう

各メディアは、読者ターゲットを定めてつくられている。「20代の働く女性・自宅通勤で可処分所得が高い・トレンドに敏感・行動力がある・1～2年に1回は海外旅行に行く」と詳細に設定しているところもある。書籍は、一つのテーマを掘り下げるものなので、そこまで細かくはない。「パンが好きな東京近郊在住の女性・時には関東以外の店であっても足を運ぶ」など決めて、ターゲットに役立つ情報を一冊に仕上げていく。

どんな読者を想定しているのか、その答えはどの媒体もページを見れば想像がつく。

読者ターゲットが広いものもある。テレビやネットのニュース番組や新聞だ。老若男女と幅広い人々に世の中の新しい出来事を伝える。ただし、ターゲットが広いということは、深く突っ込んだページがつくりにくい面もある。

▼次の媒体を見てどんな読者に向けたものか想像せよ。

❶『日経ウーマンオンライン』&『日経ウーマン』
❷『TOKYO WALKER』

解答

043

❶『日経ウーマンオンライン』のトップページには、媒体のロゴ近くに「すべての働き女子を応援します！」とキャッチがついている。雑誌『日経ウーマン』は雑誌名の横に、「仕事を楽しむ　暮らしを楽しむ」とある。学生や主婦ではなく仕事をしている女性に向けて情報発信していることがわかる。オンラインを見ると、「恋愛・結婚」はあるが「子育て」のコーナーはない。ビューティーのコーナーには、「ヘアアイロンでゆるふわセット」という記事はあるが「年齢が出やすい髪はウイッグで解決！」といったものはない。載っている広告は、コスメ、銀行、製薬会社、家電などだ。雑誌の表紙を飾るのは20代半ばの人気女性タレント。これらを見る限り、「すべての働き女子」という言葉はあるもののメインターゲットは20代だろう。

❷雑誌名の近くにあるキャッチは「～買って得する情報誌にパワーアップ！～」。飲食店１００軒のランチやオンラインショッピングモールの商品に使える割引クーポンがついていたり、ＮＥＷ ＯＰＥＮの店、人気アミューズメント施設の新しいアトラクション、充実日帰り旅特集など、ひとりで楽しむというより誰かと楽しむエンターテインメント情報が満載。写真が多くモデルは女性か男女のカップル。主にデートか友人と遊びに出かける際に役立てたいという読者が多いと思われる。

問題

044

接続詞を多用しない

「そして」「それから」「しかし」などの接続詞は、文と文をつなぐ役目を果たす。使い過ぎるとくどくなるし、稚拙な印象を与えてしまう。

▼以下の文章を整えよ。

❶ 新幹線で大阪へ行き、国立国際美術館でヴォルフガング・ティルマンス展を観ました。それから電車で新世界に移動。そして大阪名物、串カツを食べました。

❷ 今年は受験があるので勉強をしっかりやっていきたい。しかし、長年やっているバイオリンの稽古を休まないようにしたい。そのため、寝るまでの一日のスケジュールを立てることにした。

解答

044

［解答例］

❶新幹線で大阪へ行き、国立国際美術館でヴォルフガング・ティルマンス展を観ました。その後、電車で新世界へ移動し、大阪名物の串カツを食べました。

❷今年は受験があるので勉強をしっかりやりたい。長年やっているバイオリンの稽古も休まないようにしたいので、寝るまでの一日のスケジュールを立てることにした。

問題文❶の「それから」「そして」はなくても意味が通じる。

❷の「しかし」は明らかな誤用。前の文章と後の文章を、逆接でつなぐのは適切ではない。

いきなり接続詞を省略すると、前後のつながりがわからなくなりそうな場合は、ひとまず接続詞を使って文章を書き、前後の文脈を確認しながら修正していくといい。

問題

045

約物の使い方

「句読点」や「カッコ」など、文字や数字以外の各種記号活字を約物という。基本的なルールはあるが、本の中で統一できていればいい。

▼適切な場所に句読点を打て。

❶「短大は2年間なんですが希望者は研究生として1年残れるシステムがあって学校には3年通いました」

❷「色の抜け感がぜんぜん違っていました。もともと持っていた80～400ミリのレンズで撮るとまるで写真に一枚プラスチックの板を挟んだようなもやっとした感じになってしまう」

解答

045

［解答例］

❶「短大は2年間なんですが、希望者は研究生として1年残れるシステムがあって、学校には3年通いました」

❷「色の抜け感が、ぜんぜん違っていました。もともと持っていた80〜400ミリのレンズで撮ると、まるで写真に一枚プラスチックの板を挟んだような、もやっとした感じになってしまう」

▼主な基本ルールは以下。

❖句読点

句点「。」読点「、」は、正しく打たないと意味が変わってしまうことがある。

・**句点**――　文章の終わりに打つ。文末が感嘆符（！）や疑問符（？）で終わるときや、表題には打たない。

・**読点**――　読みやすくしたり、文意を明確にするためにつける。主語の後、意味の切れ目や言葉の切れ目に入れる。

中点

「・」。「車・旅行・家」など名詞を並列する場合に用いる。名詞以外を並べて書くときは、読点を使用することが多い。

三点リーダー

「…」と表記する。余韻を残したり、読む人に自由に解釈してもらうために文末につける。「……」と2字分にすることもある。

ダーシ

「―」と1字分にする場合は1字ダーシ、「――」と2字分になると2字ダーシ。「やっと試験に合格しました――3度落ちて4度目のチャレンジでしたけど」など、言葉の説明や挿入、いい換え、間合いなどに使われる。

ハイフン

間をつなぐときに使用。「1995年-2000年」「090-0000-0000」

音引き（おんびき）

「ー」。ダーシやハイフンに似ているが、「あー」「わーい」「にゃあー」など、音を伸ばして発音する様を表すときに用いる。

カッコ

会話、語句の引用→「　」

「　」の中に、カッコを使いたい場合は『　』（二重カギカッコ）にする。

[約物の名称と種類]

くぎり符号

。	句点・マル
、	読点・テン
.	ピリオド
,	コンマ
・	中黒・中ポツ
:	コロン
;	セミコロン
'	アポストロフィ
?	疑問符
!	感嘆符

括弧類

「 」	かぎかっこ
『 』	二重かぎ
‘ ’	コーテーションマーク
“ ”	ダブルコーテーションマーク
( )	パーレン・かっこ
【 】	すみつきパーレン
〔 〕	亀甲(キッコー)
[ ]	ブラケット・角かっこ
< >	山がた・山かっこ
≪ ≫	二重山がた
〝 〟	チョンチョン

つなぎ符号

-	ハイフン・つなぎ
–	二分ダッシュ
—	全角ダッシュ
——	2倍ダッシュ
…	3点リーダー
‥	2点リーダー
～	波形・波ダッシュ

薬量・商用記号

%	パーセント、百分比
‰	パーミル、千分比
£	ポンド(英)
€	ユーロ(EU)
$	ドル
¥	円
®	登録商標
©	コピーライト

しるし物

°	デグリー・角度・経緯度・温度
′	ワンダッシュ・プライム・分
″	ツーダッシュ・ダブルプライム・秒
※	米印
*	アステリスク・スター
∴	アステリズム
★	黒星・黒スター
☆	白星・白スター
▲	黒三角
△	白三角
◆	黒ひし形
◇	ひし形
○	丸印
◎	2重丸
●	黒丸
□	白四角
→	矢印
↔	両矢印
⇒	白ぬき太矢印
†	ダガー・短剣符
‡	ダブルダガー・2重短剣符
§	セクション・章標
¶	パラグラフ・段標
〓	げた記号
#	ナンバー・番号符

問題

046

あえて読者が知っている情報を入れて読みやすく

書かれていることが、知らない用語やできごとばかりだと内容がなかなか頭に入ってこない。受験用の参考書や仕事に必要なものなら一語一句理解しようとするだろうが、商業出版物のほとんどは、たとえそれが社会的なテーマを扱っているものだとしても読者を楽しませる努力が必要だ。

▼30代〜40代女性向けに、以下を理解しやすい文章にせよ。

「ティラミス、ナタ・デ・ココ、ベルギー・ワッフルなど、時代ごとにブームとなるスイーツがあった。最近は、クロナッツが人気だ」

解答

046

「90年代、雑誌『Ｈａｎａｋｏ』が取り上げたことで火がついたティラミス、弾力のある食感と低カロリーでダイエット中の人にも人気だったナタ・デ・ココなど、時代ごとにブームとなるスイーツがあった。最近では、ＮＹのドミニク・アンセルベーカリーが販売するクロワッサン生地をドーナツ状にしたお菓子、クロナッツが人気だ。２０１５年6月には表参道に海外第一号店がオープンした」

「時代ごとにブームとなるスイーツがあった」
「最近はクロナッツが人気だ」

問題文で書かれていることは右の2点。伝えたいことは後者だ。これをわかりやすく伝えるにはどんな工夫が必要だろう。

世の中の新しい動きは、「知らない人が多い」という想定で書いていくのが基本だ。よって、クロナッツがどんなお菓子なのかを入れるのは必須。クロナッツは知らなくても、読者の大半はクロワッサンとドーナツは知っているだろう。この二つを文章に入れることで商品のイメージが湧く。聞いたことはあるけれどよく覚えていない、よくわからないということはよくあるもの。情報を補足することによって、「そうそう、知ってる！」「そういえばわたしも好きだった」と読者の記憶を呼び起こすこともできる。

名前の羅列だけで、読者がピンとくるとは限らない。ティラミスは、コーヒーリキュールをひたしたスポンジに生クリームを加えたクリームチーズを挟んだもの。どんなケーキかという説明を書き加えるのも方法だが、雑誌『Ｈａｎａｋｏ』が仕掛け役だったという情報を入れることも一つの方法。同誌は、今でも「Ｈａｎａｋｏ世代」という言葉が定着するほど当時の流行に影響力を持っていた媒体。90年代に20代だった人がこの記事を読んだとしたら、その時代の空気まで思い出すかもしれない。ナタ・デ・ココはコリコリした固めの食感とカロリーが低いという人気となったポイントを書いた。ベルギー・ワッフルの説明を加えると、過去のスイーツへの言及が多くなると判断、削除した。

問題

047

使うと読みにくくなる順接の「が」

接続助詞は、前後の文章をつなげ、文と文の関わりを明確にする。「が」は、順接でも使用できるが、できるだけ使わないように心がけたほうがいい。

▼以下の文を「が」を使わない文章にせよ。

❶「東京マラソン出場を目標にランニングをはじめたのだが、最近タイムが伸びてきた」
❷「もともと走るのは早くなかったが、最近どんどんタイムが伸びている」
❸「10年間キャプテンを務めていたが、そろそろ若い人に譲ろうと思ってバトンタッチをしたところです」

解答

047

❶「東京マラソン出場を目標にはじめたランニング。最近タイムが伸びてきた」
❷「もともと走るのは早くなかった。だが、最近どんどんタイムが伸びている」
❸「10年間キャプテンを務めていました。そろそろ若い人に譲ろうと思ってバトンタッチをしたところです」

❶ 順接の「が」。最近ランニングを始めたことと、タイムが伸びてきたことは、別の話題。異なる二つを「が」でつなげている。
「東京マラソン出場を目標にランニングをはじめ1年が経ったが、最近タイムが伸びてきた」だと、「1年経ってタイムが伸びた」と話題はつながる。それでも、「〜経ったが」まで読むと、読者は「タイムがなかなか伸びない」という後文を想像してしまうので、「が」の使用は避けたほうがいい。
❷ 逆接の「が」。問題文のままでもいい。
❸ 逆接の「が」。問題文のままでもいい。

問題

048

話し言葉と書き言葉を区別せよ

しゃべり言葉と書き言葉は違う。あえて話し言葉の表現を入れて、親しみを持たせたり登場人物の人柄を感じさせることもあるが、文章は文語調で書くものと思っていたほうがいい。

▼次の文を書き言葉に変えよ。

❶「わりと運動をするという方は、汗をかきやすい身体になっています。人間は汗で体温調節をするので、運動習慣があると夏バテしにくいのです。トマトとか茄子とかカボチャとかの夏野菜は、体力回復に効果があるといわれています」

❷「梅干しは、疲労回復にいいクエン酸が含まれているし殺菌作用もあるので、山登りには欠かせないです。ちょっとでも疲れたなと思ったらすぐに口に入れます」

❸「今年の夏は富士山へ行く。なのでなるべくエスカレーターを使わず階段を利用している」

解答

048

❶「日頃から運動をするという方は、汗をかきやすい身体になっています。人間は汗で体温調節をするので、身体を動かす習慣があると夏バテしにくいのです。トマトや茄子、カボチャなどの夏野菜は、体力回復に効果があるといわれています」

「わりと」は、「少々」「とても」「比較的」「思ったよりも」「割に」などでも表される。問題文では、「ある程度」の意で使われている。並列するときに使われる話し言葉「〜とか、〜とか」は、「〜や〜、〜」や「〜なり、〜なり」「〜だの、〜だの」に置き換えられる。

❷「梅干しは、疲労回復に効果があるクエン酸が含まれているし殺菌作用もあるので、山登りには欠かせないです。少しでも疲れたなと思ったらすぐに口に入れます」

「〜にいい」といういい方は話し言葉では気にならないが、文章では「いい」の表現は抽象的すぎる。「ちょっと」の文語は、「少し」「少々」「いくぶん」。

❸「今年の夏は富士山へ行く。だからなるべくエスカレーターを使わず階段を利用している」

「なので」の文語は、「だから」「そのため」「つきましては」「そのことから」「それ故」などがある。

会話調のまま書くと読みにくいし、幼稚な印象を与える。場合によっては、礼を欠く。ただし、言葉は時代とともに変わるものなので、NGだったいい方が次第に書き言葉として認められることもある。

▼以下は、間違いやすい言葉。注意したい。【話し言葉→書き言葉】

～みたい→～ようだ／でも→けれども　しかし　だが／いろんな→さまざまな／そんなこと→そのようなこと／～から→～ので／～したら→～すれば／～しないで→～せずに／～した時→～した際／すごく→とても　非常に／いったのに→いったのにもかかわらず／あんな場所→あのような場所／真逆～正反対／ハマる→のめりこむ／かぶる→重なる

「ライターになるための
練習問題100」

雷鳥社刊／編集の学校監修
¥1400＋税

雑誌づくりの現場から文章上達のためのヒントを学びます。「編集の学校」発、ライター入門書のロングセラーです。

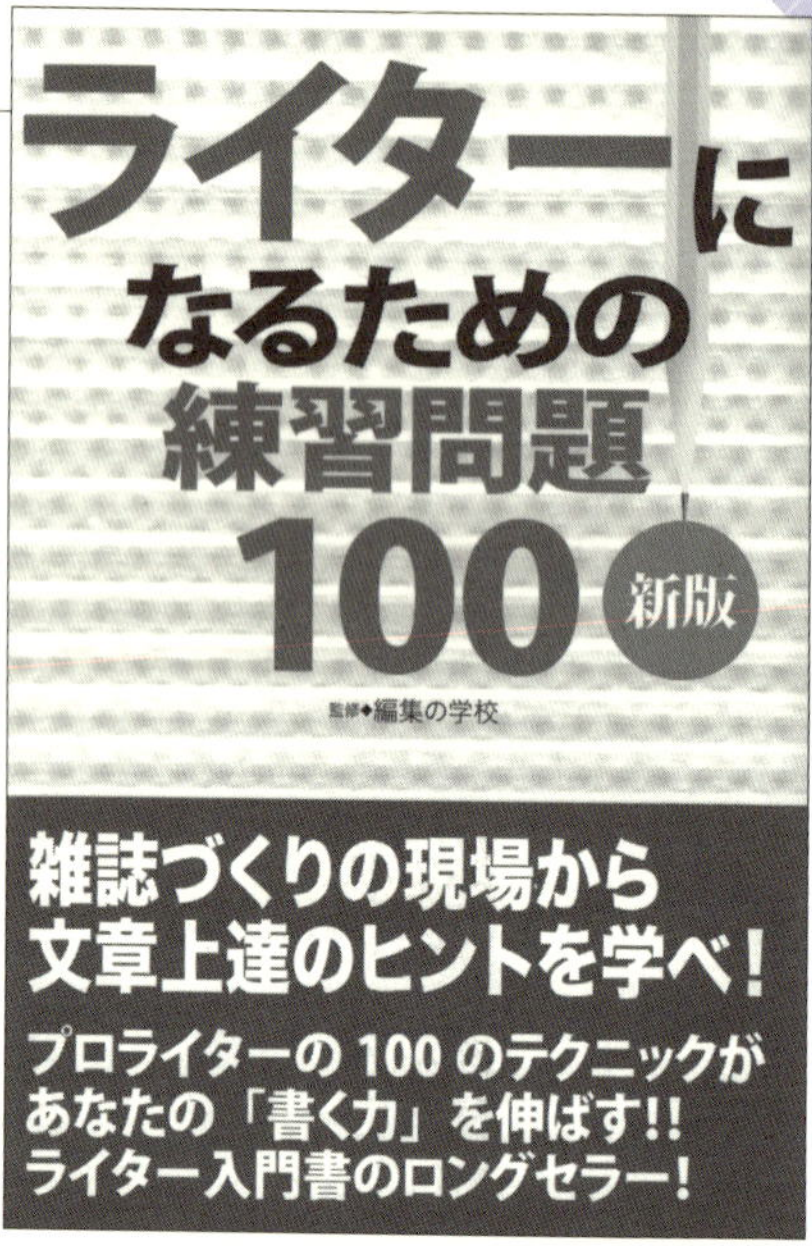

「1週間でマスター
編集をするための
基礎メソッド」

雷鳥社刊／編集の学校監修
¥1500＋税

「編集の学校」の授業をもとに重要エッセンスを7日分に集約。すべてのページに図解を使った新形式の入門書です。

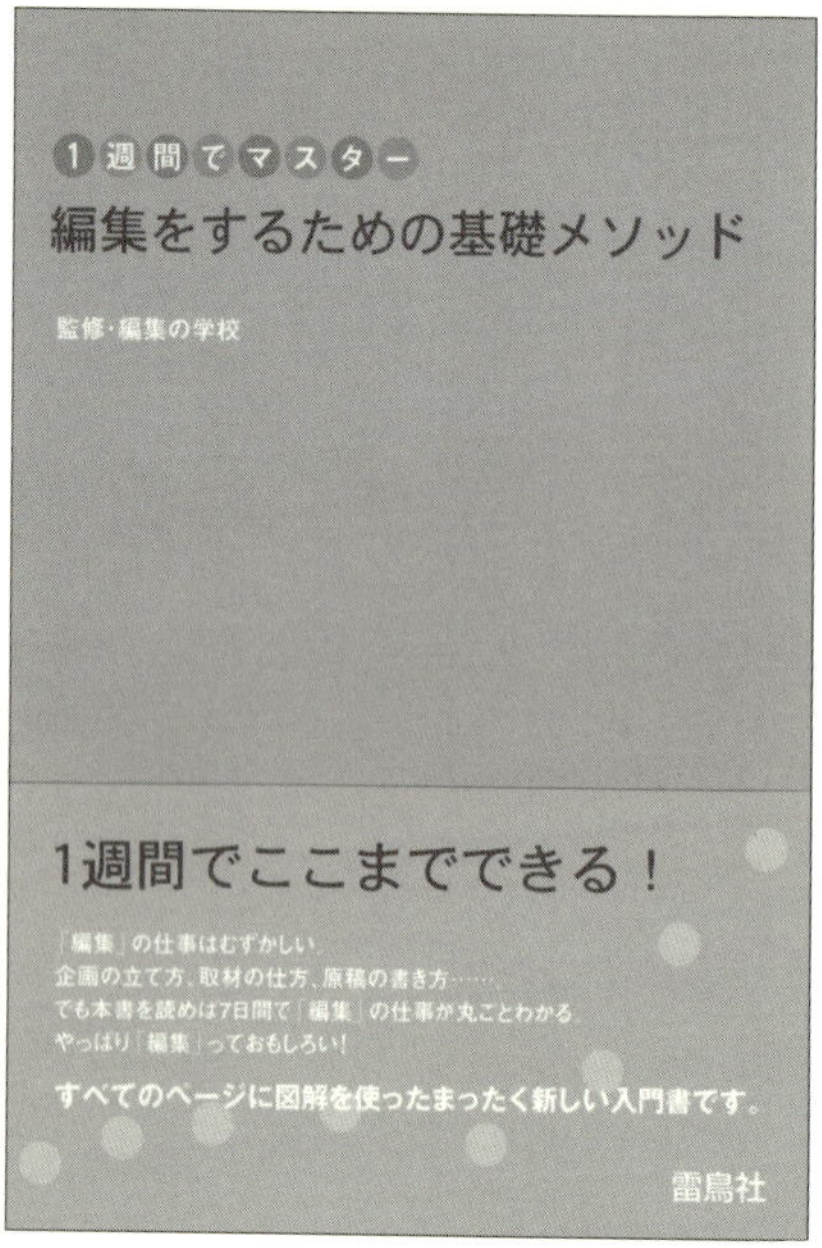

問題
049
意味ナシ言葉は使うな

仕事で書く文章は文字数が決まっている。当然、限られた中で有益な情報や見解を過不足なく書くことが求められる。

▼以下の文章中の、正確に情報を伝えていない言葉を指摘せよ。

ごまに含まれるセサミンは、肌や髪にうれしい働きがいろいろ。特にごま油を頭皮にぬってマッサージすると、髪の毛がイキイキと活性化してくる。そのときごま油に、塩を適量加えるとよい。油のベトベト感がなくなり、さらっと肌になじむようになる。使用後は、水またはシャンプーや石鹸でよく洗い流すこと。また、ごま油は時間が経つと酸化してくるので、なるべく新しい油を使いたい。

解答

049

太字部分は具体性がなく情報としての価値がまったくない。

ごまに含まれるセサミンは、肌や髪に**うれしい働き**がいろいろ。特にごま油を頭皮にぬってマッサージすると、髪の毛がイキイキと活性化してくる。そのときごま油に、塩を**適量加える**とよい。油のベトベト感がなくなり、さらっと肌になじむようになる。使用後は、水またはシャンプーや石鹸でよく洗い流すこと。また、ごま油は時間が経つと酸化してくるので、**なるべく新しい油**を使いたい。

うれしい働きの中味は？　適量とはどのくらい？　なるべく新しい油とは製造後何日？　何年？

上記を取材し文章に反映しなければ、この文章は読者になんら新しい情報を与えることがない「読むだけ無駄」なものになってしまう。

以下のような具体的表現に修正し、読者が実生活で活用できるようにするとよい。

「うれしい働き」→「（肌や髪の毛を）健康に保つ作用」
「適量を加える」→「スプーン一杯分」「○グラム」
「なるべく新しい油」→「開封後2か月以内には使い切りたい」

▼次も意味ナシ言葉になる危険がある表現。使用の際は注意したい。

多彩な／結構な／さまざまな／色んな／基本的に／リーズナブル／おトク／本場の味／オリジナル料理

問題

050

インパクトのあるもの大事なものから出す

❶ 以下を起承転結で並べよ。

❷ 以下を魅力的な文章になると思う順番に並べよ。

Ａ 何度も反抗期があって、高校生の時は、家でまったく会話をしないほどでした。

Ｂ あんなひどいことをした娘に、普通に接してくれた両親は凄い人だと気づきました。距離を置いたことで、今ではなんでも話せるようになり、反抗期のことが笑い話です。尊敬する両親のような家庭を築く、それが私の目標です。

C とにかく家族と離れたい、そんな気持ちで一人暮らしを始めました。でも、現実は寂しくて。やっと家族の存在の大きさを実感しました。

D 私は、祖父と両親が教師だったことから、家に帰っても先生がいる、それがすごく嫌でした。

解答

050

❶ D→A→C→B

❷ C→D→A→B

文章の構成法である「起承転結」や「序破急」は、文章を整えるには有効だが、読者の心を掴むにはインパクトに欠ける。商業出版物の文章は、冒頭で読者の関心を引かなければ読んでもらえない。パッと見や出だしで興味を持ってもらえなければその本や雑誌はまず買ってもらえないだろう。出版社にとっては死活問題。それだけ出だしの文章は大事なのだ。

文章の冒頭には、「おやっと思わせるもの」や結論・大事なことを書く。これが商業出版でのセオリーだ。大切なことを最初に書く理由はもう一つある。文章は最後まで読んでもらえるとは限らないから、一番伝えたいことや大事なことを書くのだ。それだけでも知ってもらいたいという作り手の気持ちの表れだ。

問題

051

助詞「の」は続けて使わない

一文に「～の～の～の」と、「の」が続いてしまったことはないだろうか。文章全体がまどろっこしく、間抜けな印象を与えてしまう。稚拙にも見える。

▼以下の文章を「の」を続けて使わない文章に修正せよ。

❶大学時代の友人の妹さんの新居に遊びに行くことになった。手土産は、渋谷の東急百貨店の地下のトップスのチョコレートケーキ。

❷私の隣の家の犬の赤ちゃんのエサを、野良犬が食べてしまった。

解答

051

［解答例］

❶友人の妹さんが住んでいる新居に遊びに行くことになった。友人とは大学時代を一緒に過ごした仲だ。手土産は、トップスのチョコレートケーキ。渋谷にある東急百貨店で購入した。
❷私の隣家で飼っている犬に赤ちゃんがいて、そのエサを野良犬が食べてしまった。

文章を切る、名詞同士をくっつける、いい回しを変える等で回避できる。

問題 052

ネタと自分の距離を意識する

▼好きなテレビ番組を紹介する記事を、
次の条件に沿って、それぞれ200字前後で書きわけよ。

❶ 番組を一度も見たことがない人に向けて。
❷ 番組を欠かさず見ていた人に向けて。

※解答例は『プロジェクトX～挑戦者たち～』（日本放送協会）

解答

052

▼『プロジェクトX～挑戦者たち～』（日本放送協会）

❶戦後の日本を象徴する事業や事件の陰に隠されたドラマと、その前に立ちふさがったトラブルをいかにして乗り越えたかを描くノンフィクション番組である。２０００年から２００５年まで放送された。情熱を抱き、使命感に燃えていた頃の日本人を描くことによって、特に中高年層の圧倒的支持を受けて高い視聴率を誇る。中島みゆきが歌う「地上の星」の大ヒットと田口トモロヲの淡々とした口調によるナレーションが、感動を盛り上げた。

❷２００５年５月10日の放送内容をめぐってＮＨＫ側が謝罪した。新米教師が赴任した高校で合唱部をつくり、全国大会で金賞を取るまでを描いた感動的な「ドラマ」だったが、暴走族の走行映像を交え「会場にパトカーが来た」など事実にない表現があったため学校関係者から抗議を受けていた。

情熱を持って困難に立ち向かう日本人の姿を描き多くの支持を集めていた一方で、企業PR色が強い、演出が過剰という批判もあった。

番組を観たことがない人には内容を伝え、よく観ていた人へは「こんなエピソードがあった」「こんな面もあった」という情報を伝えた。紹介文と一口にいっても、読者が違えば当然文章の中味も変わる。

得意なことや好きなことを書くときは注意が必要だ。テーマと自分との距離が掴みにくいからだ。好きなことは、自分の中に知識や経験がたまっている上に思い入れもある。読者のために書くはずが、自分が書きたいことを書き連ねてしまうなんてことになりかねない。よく知らないことや苦手なことは、根気よくリサーチしたり取材しないと原稿が書けない。その分、取材した情報を客観的に見てテーマに沿ってセレクトして文章にできる。未知のことだから、なにがわからないのか、なにが難しいのか、どう伝えられたら理解しやすいのかがわかる。苦手分野は案外いい文章が書けるのだ。

第4章

原稿整理と校正・校閲

053

073

問題

053

原稿整理の基本

ライターあるいは著者から届いた原稿に、編集者が手を入れていく作業を原稿整理という。まずは当然ながら、内容が魅力的であるかのチェック。続いて校正・校閲作業。さらには、不快語や差別語に対する配慮。最後に章タイトル、大見出し、小見出しなどをつけ、デザイナーに渡すということになる。さて、編集者にはもう一つ大事な仕事が残されている。「表記の統一」という仕事である。一つの書籍、一つの雑誌（あるいは一つの記事）の中では、文体、漢字の使い方、送りがな、数字の使い方、外来語の表記などを統一するというのが、編集の基本である。これが、なかなか難しい問題をはらんでいるのだ。以下の文章、あなたならどのように原稿整理するだろうか。

新刊委託期間は約三ヶ月半で有る。新刊委託への注文は発売前しか出来ないので、発売後の注文は全て「注文扱い」となります。「注文扱い」は通常、出版社の了解が無いと返品出来ません。発売前に二十冊新刊委託で注文したが、初速の反応が良く新刊二十冊を売り切った為、百冊追加注文した場合、この百冊は出版社の了解が無いと返品は出来ない注文品となります。詰まり簡単には返品する事の出来ない百冊と言う事に理論的にはなる。

解答

053

問題となっている文章、かなり読みにくいはず。この原稿の場合、「原稿整理」のポイントは二つ。文体の不統一（「です、ます」調と「である」調）と多すぎる漢字。原稿整理を「である」調に統一することと、漢字を減らすという方向で進めると、原稿は以下のようになる。

新刊委託期間は約3カ月半である。新刊委託への注文は発売前しかできないので、発売後の注文はすべて「注文扱い」となる。「注文扱い」は通常、出版社の了解がないと返品ができない。発売前に20冊新刊委託で注文したが、初速の反応がよく新刊20冊を売り切ったため、１００冊追加注文した場合、この１００冊は出版社の了解がないと返品はできない注文品である。つまり簡単には返品することのできない１００冊ということに理論的にはなる。

出版業界では漢字含有率が高い原稿のことを「黒い」と呼ぶ。黒い原稿は読者に好まれない傾向にある。

問題

054

数字の表記を考える

次の「ひとり」、あなたならどう表記するだろうか。

1. ひとり当たり、3000円が支給された。
2. ひとりひとりに事情がある。
3. 夜道のひとり歩きは危険だ。
4. 言葉だけがひとり歩きしてしまったのだ。
5. ついひとり言が出た。
6. ひとり暮らしの気楽。
7. ひとり暮らしの老人問題。

解答

054

❶ 1人、一人
❷ 一人ひとり、一人一人、ひとりひとり
❸ 一人
❹ 独り
❺ 独り
❻ 一人
❼ 独り

「一人」も「独り」も「1人」も、「ひとり」であることに変わりはないが、その意味合いは違う。「1人」「一人」は「人数」に重点が置かれているのに対し、「独り」は「孤独」「単独」などに重点が置かれている。人数に重点が置かれているといっても、「夜道の1人歩き」「1人暮らしの気楽」という表現には違和感があるだろう。「一人歩き」「一人暮らし」は一つの言葉として認識されているからだ。難しいのは②である。「一人ひとり」「一人一人」「ひとりひとり」のどれでもいいからだ。書き手の意思によって、表記は変えられる。だからこそ、どのように表記するかは大切な問題なのである。

問題

055

漢数字か算用数字か

▼次の数字を漢数字または算用数字（洋数字）で表記しなさい。

1. ふたり
2. さんにん
3. じゅうごにん
4. ひゃくにん

解答

055

❶ 2人、二人
❷ 3人、三人
❸ 15人、十五人、一五人、壱五人、壱拾五人
❹ 100人、100人、百人、一〇〇人、壱百人、壱〇〇人

この問題に正解があるわけではない。ただし、以下の点については注意が必要だ。一つの書籍、一つの雑誌（あるいは一つの記事）の中では、文体、漢字の使い方、送りがな、数字の使い方、外来語の表記などを統一するというのが、編集の基本である。

例えば、あなたなら「ひとり」をどう表記するだろうか。ほとんどの人が「一人」「ひとり」と書く。「ふたり」も「二人」「ふたり」と書く人が多い。では「さんにん」「よにん」はどうだろう。一人、二人と書いた直後なら三人、四人と書くだろう。しかし、そうでなければ「三人」「四人」派と「3人」「4人」派に分かれるはずだ。「もちろん三人、四人と書きますよ」という人も、「じゅうごにん」はほとんどの人が15人と書く。ひとつの文章のなかで、三人、四人、八人は漢数字、12人、15人は算用数字になっていたら、多くの人は違和感を持つ。この一例をみても数字の表記の統一はきわめて難しい問題なのだ。

問題 056

単位語をつける？ つけない？

次の数字を漢数字または算用数字（洋数字）で表記しなさい。

1. さんぜんごひゃくにじゅうさん円
2. いちおくよんせんまん点

解答

056

❶ 3523円／3、523円／3千523円／3千5百23円／三千五百二十三円／三五二三円、参千五百弐拾参円

❷ 140000000点／140、000、000点／1億4千万点／1億4000万点／一億四千万点／壱億四千萬点

この問題にも正解はない。基本は書き手の自由である。解答例には様々な表記を紹介したが、手書き領収書を書くようなことがなければ、通常は「壱」「弐」「参」「拾」を使うことはないだろう。一般的には漢数字ではなく算用数字を使用する出版社が多くなっているが、迷うのは単位語（「兆」「億」「万」「千」「百」など）だ。縦書きであれば「兆」「億」「万」は基本的に使うところが多い。「百」「十」を使う出版社はまずない。問題は「千」である。使わないという出版社の方が多い気もするが、きりがよければ使うという書き手もいるだろう。例えば「3千メートル級の山並み」という表現。読売新聞、毎日新聞だと「3000メートル級の山並み」となるのだが、朝日新聞、共同通信では許されている。

位取りのコンマは、横書きでは使用、縦書きでは使用しないというのが一般的。

問題 057

漢数字か算用数字か

▼次の文章を漢数字または算用数字（洋数字）で表記しなさい。

❶ 福島第いち原発
❷ ひゃく年にいち度の金融恐慌
❸ 黒田投手はなな回を無失点におさえた。
❹ 黒田投手はなな回に逆転ホームランを打たれた。

解答

057

①福島第一原発、福島第1原発
②100年に1度の金融恐慌、100年に一度の金融恐慌、百年に一度の金融恐慌、百年に1度の金融恐慌
③黒田投手は7回を無失点におさえた。
④黒田投手は七回に逆転ホームランを打たれた。

基本的には算用数字を使うのが主流だが、熟語、成語(二者択一、一人息子、五十歩百歩など)伝統行事、伝統芸能(一周忌、十一代市川団十郎など)、漢数字書きがなじんだ語(二院制、三冠王、一本勝ちなど)は漢数字を使うことが多い。

さて、「福島第一原発」がなじんだ語かどうかは意見のわかれるところだ。ちなみに朝日新聞、読売新聞は「第一」、毎日新聞、日経新聞は「第1」を使う。「ひゃく年にいち度」に四つの表現があるのは、「100年」「1年」を比喩表現と見るか、数字データと見るか、それぞれの考え方に違いがあるからだ。野球用語は漢数字(二塁手、三遊間など)が使われることが多いが、③のように数えた結果は算用数字となる。

問題 058

概数の表現

次の文章を漢数字または算用数字（洋数字）で表記しなさい。

❶ じゅう数人
❷ にひゃく数じゅう人
❸ に、さんじゅう年前
❹ しち、はっぴゃく種

解答

058

❶ 十数人
❷ 2百数十人、二百数十人
❸ 二、三十年前、20～30年前
❹ 七、八百種、700～800種

「十」は位取りを示すが、「10」は位取りを示すことができない。「10数人」という表記は意味不明ということになる。「10人程度」「10人有余」「10人あまり」「約10人」など、表現に工夫が必要だ。同様に「200数十人」も使わない。②の「2百数十人」という表記はぎりぎり許される範囲といえるかもしれない。新聞記事だと、概数（おおよその数字）ではなく、なるべく具体的な数字が求められる。③、④については「二、三十年前」「七、八百種」が可であるのに対して、「2、30年前」「7、800種」は不可である。特に7、800は七千八百に間違えられる可能性が高い。二～三十年前、七～八百種も使わない方がいい。2年から30年前、7種～800種と受け取られかねない。数の範囲を表すのには「～」を使う。縦書きで「―」を使うと「1」と紛れてしまう可能性があるからだ。また単位語も省かない。120万～150万円と表記する（120～150万円としない）のが基本だ。

問題 059

助数詞の使い方

「人」「匹」「台」のように数量を表す語の下につける語を助数詞という。昆虫、動物は「匹」、不定形な物品は「個」、長い物品は「本」を使うのが基本だ。では、以下のものは、どのような助数詞を使うだろうか。

1. 大砲
2. 手袋
3. 海苔、半紙
4. 養殖池
5. 鳥居
6. 大工道具のノミ

解答

059

❶ 大砲→門 ❷ 手袋→組、対、双 ❸ 海苔、半紙→枚、帖
❹ 養殖池→面 ❺ 鳥居→基 ❻ 大工道具のノミ→丁

「門」は大砲を数えるときにだけ使う助数詞。手袋はつい3個、4個と数えてしまいそうだが、靴下を3個、4個と数える人はいない。3足、4足である。手袋は3双、4双と数える。平面的な物品は「枚」または「面」で数える。3枚の地図、5枚の用紙など、小さなものは「枚」を使うのが基本だが、碁盤や将棋盤は「面」を使う。テニスコートはもちろん2面、3面と数える。ちなみに海苔は10枚で1帖、半紙は20枚で1帖となる。2台のテレビ、3台のスポーツカーなど機械、器具は「台」を使うが、固定された施設は「基」を使う。ガスタンク4基、原子炉5基、石灯篭6基となる。手に持って使う器具、道具は「丁」を使う（ライフル銃6丁、くわ7丁）。また、種類の異なる物品を一括して数えるときは「点」を使う。本を数えるとき、同じタイトルの本が100あれば「冊」を使うが、100の違ったタイトルの本であれば100点と表現する。したがって「弊社では今年20冊程度新刊を出す予定です」ではなく「弊社では今年20点程度新刊を出す予定です」というべきなのである。

問題 060

知っておきたい名数

日本語には数を冠しているものが多く存在する。ある数字を冠して、同類の事物をその数だけ集めていう語を名数という。

▼以下の空欄を埋めよ

三急流　最上川、富士川、（❶）
四書五経　大学、中庸、論語、（❷）、易経、詩経、書経、（❸）、礼記
京都五山　天龍寺、相国寺、（❹）、東福寺、万寿寺
六歌仙　在原業平、僧正遍昭、（❺）、大伴黒主、文屋康秀、小野小町
七福神　大黒天、恵比須、（❻）、弁財天、福禄寿、寿老人、布袋

解答

060

❶＝球磨川、❷＝孟子、❸＝春秋、❹＝建仁寺、❺＝喜撰法師、❻＝毘沙門天

「三」は日本人の好きな数字の一つである。三阿弥（能阿弥、芸阿弥、相阿弥）、三河川（利根川、筑後川、吉野川）、三冠馬（皐月賞、日本ダービー、菊花賞）、日本三景（松島、厳島、天橋立）と、まずは「三」が名数づくりの基本である。球磨川（長さは115キロメートル）は熊本県南部を流れる。「四書五経」は儒学を学ぶうえでの最重要図書。日本では江戸時代によく読まれた。「京都五山」は臨済宗の五大寺。足利義満によって位次が決められている（表記の順）。ちなみに南禅寺を五山のうえとしている。「六歌仙」は平安初期の和歌の名人。喜撰法師は小倉百人一首八番「わが庵は都の辰巳しかぞすむ世を宇治山と人はいふなり」の作者。「七福神」は福をもたらす七柱の神として信仰されている（始まりは室町時代）。恵比寿は日本由来だが、布袋はもともと禅僧、大黒天、毘沙門天、弁財天はヒンドゥー教、福禄寿、寿老人は道教が由来だ。毘沙門天はヒンドゥー教の戦いの神である

問題 061

計量単位の基本知識

以下の語は何に関する計量単位だろうか。選択肢から選べ。

❶ ジュール ❷ カンデラ ❸ ニュートン
❹ ノット ❺ カラット ❻ シーベルト ❼ ルクス
❽ ヤード ❾ バレル

A 仕事・エネルギー・熱量 B 照度 C 力
D 光度 E 放射線の実効線量 F 体積 G 長さ
H 船舶 海流などの速度 I 宝石の質量

解答

061

❶ジュール＝A（仕事・エネルギー・熱量）、❷カンデラ＝D（光度）、❸ニュートン＝C（力）、❹ノット＝H（船舶　海流などの速度）、❺カラット＝I（宝石の質量）、❻シーベルト＝E（放射線の実効線量）、❼ルクス＝B（照度）、❽ヤード＝G（長さ）、❾バレル＝F（体積）

「ジュール」は英国の物理学者の名。1ジュールは1ニュートンの力で物体を1メートル動かしたときにその力がなす仕事。「カンデラ」はラテン語で「ろうそく」の意。「ニュートン」も英国の物理学者。1ニュートンは1キログラムの物体に作用して、毎秒毎秒1メートルの加速度を生じさせる力の大きさのこと。「ノット」は船舶、海流などの速度の単位。1時間に1カイリ（1852メートル）の速さのことである。「シーベルト」「ベクレル」「グレイ」など放射線に関する単位については、日本人になじみの用語となった。使用するときはよく理解したうえ、誤用のないようにしたい。「カラット」は宝石の質量。1カラットは200ミリグラム。「ルクス」はラテン語で「光」の意。1ヤードは3フィート、91・44センチメートル。「バレル」は種類や国によってその量が異なる。石油の場合、1バレルがアメリカでは約159リットル、英国では164リットルになる。

問題

062

大きさや広さをイメージする

高さや長さを表現するときに、なにかを例にあげることは少ない。「東京タワー10基分の高さ」と書くよりは、「高さ333メートル」と書く方がわかりやすいだろう。長さも同様である。ところが、大きさや広さを表現するときには例をあげることが多い。

では、東京ドーム1個分って、どのくらいの大きさだろう。また、東京ドーム1個分って、どのくらいの広さだろう。

▼選択肢の中から選べ。

東京ドーム1個分の大きさ（容積）
❶ 34万㎥ ❷ 124万㎥ ❸ 340万㎥ ❹ 1240万㎥

東京ドーム1個分の広さ（面積）※グランドだけでなく全施設の総面積
❶ 9887㎡ ❷ 2万4550㎡ ❸ 4万6755㎡ ❹ 12万3342㎡

解答

062

東京ドーム1個分の大きさ（容積）＝❷１２４万㎥
東京ドーム1個分の広さ（面積）＝❸４万６７５５㎡

大きさ（容積）をイメージできる人は少ないだろう。１２４万㎥はビール（大瓶）19億本分になる。これもイメージしにくいかも。１２４万㎥は、だいたい一辺が１０８ｍの正立方体である（一辺が１００ｍの正立方体だと、１００×１００×１００＝１０００００００で１００万㎥になる）。

広さは大きさに比べて、多少イメージがしやすい。４万６７５５㎡は、だいたい一辺が２１６ｍの正方形である。「東京ドーム４個分の広さ」と書かれていたら、一辺が４３２ｍの正方形の敷地を思い浮かべればいいのだ。ちなみに、東京ドームのグランドの広さは1万３０００㎡。一辺が１１４ｍの正方形だ。東京ディズニーランドは約51万㎡、琵琶湖は６７０㎢、佐渡島は８５５㎢、日本全土は38万㎢である。

問題 063

数を示す接頭語

センチメートルは1メートルの100分の1。つまりセンチは100分の1という意味を持つ。

キログラムは1グラムの1000倍。つまりキロは1000倍という意味を持つ。

では、以下の接頭語はそれぞれどんな意味を持っているだろうか。

❶メガ　❶テラ　❶ヘクト　❶ギガ　❶ナノ
❶マイクロ　❶ピコ　❶デシ

解答

063

数を示す接頭語とその記号は次のとおりである。

エクサ	E	10京倍
ペタ	P	1000兆倍
テラ	T	1兆倍
ギガ	G	10億倍
メガ	M	100万倍
キロ	k	1000倍
ヘクト	h	100倍
デカ	da	10倍
デシ	d	10分の1
センチ	c	100分の1
ミリ	m	1000分の1
マイクロ	μ	100万分の1
ナノ	n	10億分の1
ピコ	p	1兆分の1

※文中で数を示す接頭語を使うときには、意味を補った方がいい。例えば、「その粒子は7ナノメートル（ナノは10億分の1）ほどの大きさしかない」などと書く。

❶メガ＝100万倍　❷テラ＝1兆倍　❸ヘクト＝100倍　❹ギガ＝10億倍　❺ナノ＝10億分の1　❻マイクロ＝100万分の1　❼ピコ＝1兆分の1　❽デシ＝10分の1

問題 064

外来語の表記

外来語の表記の統一は難しい。外来語についてはこれが正解というものがないからだ。「ベネチア」でも「ヴェネチア」でも間違いではない。ただし、新聞社では「ベネチア」、一般の出版社では「ヴェネチア」と表記するところが多いはずだ。もちろん、「ベニス」「ヴェネツィア」と表記する人だっているだろう。

では、以下のアルファベット表記、あなたならどうカタカナに直すだろうか。

❶ Versailles ❷ make-up ❸ value

解答

064

1. ベルサイユ、ヴェルサイユ
2. メイクアップ、メークアップ、メイキャップ、メーキャップ
3. バリュー、ヴァリュー

新聞社での外来語の表記は、内閣告示された「外来語の表記」を基準にして書く。ただし、日本人が英語の発音に慣れ、パソコンでの表記が普及した結果、ウ濁点（ヴァ、ヴィ、ヴ、ヴェ、ヴォ）は使わない、二重母音の「エイ」は「エー」、「オウ」は「オー」と長音で書くなどの基準は、次第に崩れつつある。「ベネチア」よりも「ヴェネチア」、「メードインジャパン」よりも「メイドインジャパン」の方がしっくりくる人が多くなってきているからだ。「メイクアップ」「メークアップ」「メイキャップ」「メーキャップ」については好みがわかれるところかもしれない。ただ、時代の流れは「メーク」ではなく「メイク」である。「ヴェネチア」の方がしっくりくる人でも「ヴァリュー」と表記する人は少ないだろう。「バリュー」という語はすでに一般的な日本語として定着しているからだ。「ニュースバリュー」を「ニュースヴァリュー」とは書かない。「コンピュータ」「プログラマ」と書く人は多いがそれでも「プロデューサ」「アートディレクタ」と書く人はいないだろう。

問題

065

人名の表記

外来語の中でも、人名の表記は特に難しい。

新しい人物が世に出るたびに、その表記についてすべてのマスコミが頭を悩ませるといっていい。アンディ・ウォーホルはしばらくアンディ・ウォーホールだったし、シュワルツェネッガーを正確に表記することは簡単ではない。では、次の人名、あなたならどう表記するだろうか。アルファベット表記のものはカタカナに、漢字表記のものは読みを示せ。

1. Cristiano Ronaldo（ポルトガル・サッカー選手）
2. Stan Wawrinka（スイス・テニス選手）
3. 胡錦濤（中国・政治家）
4. 李明博（韓国・政治家）

解答

065

❶ クリスティアーノ・ロナウド、クリスチャーノ・ロナウド
❷ スタン・ワウリンカ、スタン・バブリンカ
❸ こきんとう、フーチンタオ ❹ イミョンバク

人名は難しい。偉大なサッカー選手は「クリスティアーノ」が主流だが、今でも「クリスチャーノ」を使う人は少なくない。「ロナウド」は定着したようだが、以前は「ロナルド」という表記も存在した。テニスの2015年全仏の覇者はスイスでの発音は「バブリンカ」が近い。通常は発音に近い表記が選ばれるべきところだが、日本のマスコミでは「ワウリンカ」が主流だった。アルファベットをそのまま読めば、そうなるからだ。ちなみに2015年「バブリンカ」本人が表記の統一を日本のマスコミに求めた。彼が選んだのは「ワウリンカ」である。読みやすい方が親しみやすいからという理由らしい。中国、台湾、韓国、北朝鮮の人名は漢字表記が原則（少数民族、芸能人、スポーツ選手など一部例外あり）。こちらも「読みは現地音に近い」がルールだが、胡錦濤を「フーチンタオ」と読める読者は少ないだろう。逆に韓国人名は現地音が当たり前となったようだ。金日成《キムジョンイル》を「きんにっせい」と読む人はまずいないだろう。ちなみに李は、韓国では「イ」、北朝鮮では「リ」と読む。

問題 066

送りがなのつけ方

送りがなの表記の統一も難しい。新聞社および多くの出版社は内閣告示の「送りがなの付け方」を基準としている。ただこの基準、「本則」「例外」のほかに「許容」という項目があり、漢字やかな遣いほど目立たないとはいえ、校正する編集者を悩ませる。だが、避けては通れない問題といえよう。

次の表記のうち送りがなのつけ方が間違っているのはどれか。ただし、新聞社の表記ルールを基準とする。

❶ 慌しい ❷ 危い ❸ 悔やしい ❹ 行なう ❺ 紛わしい
❻ 押える ❼ 申込受付期間

解答

066

新聞社の表記ルールを基準とするなら、すべての表記が間違いである。正しくは**❶慌ただしい、❷危うい、危ない、❸悔しい、❹行う、❺紛らわしい、❻押さえる、❼申し込み受付期間、**となる。送りがなのつけ方については多々ルールが存在するが、パソコンでの文章作成が一般的となった今、送りがなをつけ間違える人はいない、といっていいだろう。表記の統一という編集作業の中で迷うのは、どちらも正しい、さてどちらを選ぶかという場合である。④行なう、⑥押えるは、内閣告示の「送りがなの付け方」を基準とすれば「許容」となる。「表わす（表す）」「断わる（断る）」「浮ぶ（浮かぶ）」なども許容されている（いずれも前の語が許容、後ろが本則である）。新聞社だと「行なう」は許されないが、一般雑誌だと「行なう」が許されるというわけだ。難しいのは、単独の語がいくつも組み合わされてできている複合語である。「申込み受付け期間」「申込み受付期間」などいくつもの表記方法があるが、新聞社だと「申し込み受付期間」とする。これは複合語が二つ以上重なる場合は、原則として最初の複合語に送りがなをつけるというルールがあるからだ。複合語が重ならなければ「申込期間」となる。動作・方法に結びつく場合は送りがなをつけるというルールもある。この場合「申し込み開始」「申し込み方法」となる。

問題

067

ルビのつけ方

ルビをつけることを一般的に「ルビを振る」という。常用漢字・人名用漢字外の漢字や音訓を含む言葉、固有名詞や人名、地名、慣用句など読み間違うおそれのあるものには積極的にルビをつけるべきである。以下の語にルビをつけよ。その際ルビをつける位置が重要である。

❶ 祝詞
❷ 五月雨
❸ 読経
❹ 固唾
❺ 回向
❻ 庫裏
❼ 許嫁
❽ 外宮

解答

067

❶ 祝詞《のりと》 ❷ 五月雨《さみだれ》 ❸ 読経《どっきょう》 ❹ 固唾《かたず》 ❺ 回向《えこう》
❻ 庫裏《くり》 ❼ 許嫁《いいなずけ》 ❽ 外宮《げくう》

ルビをつける位置にはルールがある。漢字に読みがあてられないものには等分ルビ、漢字に読みがあてられるものはその位置にルビを振る。①②⑦は等分ルビになる。

ルビには、漢字のすべてにつける総ルビ、一部の漢字につけるパラルビがあるが、そのどちらにするのかを決める。パラルビの場合、対象読者・出版物の性格なども考慮してルビをつける語句を選定する。また、ルビを振ると決めた漢字にはすべてつけるのか、初出のみとするのかを決める。初出にも、①書籍全体を通じての初出、②章などブロックごとの初出、③見開きページごとの初出、などがある。また、ルビは語の最小単位につけることを原則とする。熟語のうちの一字だけ、または一部だけにつけるやり方は避けること。本文がひらがなの場合はルビもひらがな、カタカナの場合はルビもカタカナを使用するのが原則。外国の翻訳語にルビを振る場合はカタカナを使用する。

問題
068
かな遣いのルール

原則としてかな遣いは現代かな遣いによるが、歴史的かな遣い（旧かな）を使用してもよい場合もある、というのが多くの出版社・新聞社のルールである。つまり基本的には発音通り表記するということだ。では、ルールには例外もあるということを考慮したうえで、以下の語に読みがなをつけよ。

1 お父さん　2 入学　3 扇　4 王様　5 大通り　6 葬る
7 鼻血　8 三日月　9 世界中　10 稲妻　11 人妻　12 服地

解答

068

❶ おとうさん ❷ にゅうがく ❸ おうぎ ❹ おうさま
❺ おおどおり ❻ ほうむる ❼ はなぢ ❽ みかづき
❾ せかいじゅう ❿ いなずま ⓫ ひとづま ⓬ ふくじ

オ列の長音は「う」で表す。発音通り表記すると「おとーさん」「にゅーがく」だが、表記は「おとうさん」「にゅうがく」とする。「づ」は原則「じ」「ず」と書く。ただし、2語の連合で濁る場合と同音の連呼の場合は「ぢ」「づ」を使用する。「鼻血」は「はなぢ」、「三日月」は「みかづき」、「縮む」は「ちぢむ」、「綴る」は「つづる」である。ただし、「世界中」を「せかいじゅう」、「稲妻」を「いなずま」、「服地」を「ふくじ」と表記するのは2語の連合ではなく1語になりきっているからという理由だ。「中(ちゅう)」「妻(つま)」「地(ち)」が濁ったとは考えないのだ。「人妻」は2語の連合(つまり1語になりきっていないという判断である)だから「ひとづま」である。

問題

069

誤りやすい表現・慣用句

以下の文章から誤った表現、誤字などを指摘せよ。

母は女手一人で僕を育ててくれた。父が亡くなると、当時の仕事仲間はくしの歯が抜けるように一人また一人と会社を去っていった。そんな中、母は寸暇を惜しまず、陣頭指揮を振るってきたのだ。生来から母は悪が強い女だった。愛想を振りまくわけでもなく、いぎたなく利益追求するわけでもなく、汚名を挽回し続けた。今では、弱冠55歳にしてアパレル業界のドンである。「功なり名を上げた」と多くの人が認めてくれる存在である。続いて金融業界にも触手を動かしているようだ。僕も母の偉業を他山の石として「後世おそるべし」といわれるような存在になりたいものだ。

解答

069

登場する慣用句、すべての使い方が間違っている。

「女手一人」ではなく「**女手一つ**」である。「くしの歯が抜けるように」ではなく「**くしの歯が欠けるように**」である。「寸暇を惜しまず」ではなく「**寸暇を惜しんで**」が正しい。「**陣頭指揮**」は「振るう」のではない。「**執る**」ものである。「生来から」は「より」の意味が重なっている。「**生来**」**だけでよい**。「悪が強い」ではなく「**あくがつよい**」。漢字をあてるとしたら「灰汁」。「**愛想**」は「振りまく」のではなく、「**いい**」か「**悪い**」か。振りまくのは「愛敬」。「いぎたない」には「ズルい」「なりふりかまわず」などの意味はない。「寝坊である」の意味である。「**汚名**」は「挽回」するものでなく、「**返上**」「**そそぐ**」ものである。「弱冠」はもともと男子20歳の異称。転じて歳の若いことをいう。55歳を若いとするのは少々辛い。「功なり名を上げた」は間違い。「**功なり名を遂げた**」が正しい。「**触手**」は「動かす」ではなく「**伸ばす**」、「動かす」のは「食指」。「他山の石」は「よその山の粗悪な石」のこと。「他山の石」は、「他人のつまらない言行も、自分を磨く助けとする」の意味で使う。「後世おそるべし」ではなく「**後生おそるべし**」である。出典は「論語」。「後世（子孫）」ではなく「後生（後から生まれた者）」をおそれるべきであるといっている。

問題

070

差別語・不快語に配慮する

基本的人権を尊重し、さまざまな社会的差別の解消に努力することは報道機関に携わるものの使命であるとして、時事、共同両通信社の用字用語集には「差別語・不快語」の項目が設けられている。以下の文章中、両通信社が差別語・不快語として、使用を禁止しているものはどれか。

裏日本の小さな港町で、めくらの人やおしの人など障害を持つ人たちのダンスパーティが開かれた。会場は床屋さんの店舗を利用。知恵おくれの子どもたちや、町内在住の外人さん（なんとブッシュマンなどアフリカからのお客様も！）もボランティアスタッフとして参加した。才色兼備の美人婦警の吉田さんは警備に、雷鳥寺の坊主の山本さん、産婆の木村さんは会場設営に大活躍。町医者の佐藤さんはバカチョンカメラ片手に撮影部隊のリーダーをつとめた。

解答

070

問題とした文章、全文に差別語・不快語がちりばめられている。

「裏日本」は「**日本海側**」とする。「めくら」「おし」は「**目の見えない人、目の不自由な人**」「**口の利けない人、言葉が不自由な人**」と表現する。「障害を持つ」は「**障害の（が）ある**」とする。障害のある人たちが自分からすすんで障害を持っているわけではないからだ。「床屋さん」は「**理髪店**」、「婦警」は「**女性警官**」、「坊主」は「**僧侶**」、「産婆さん」は「**助産師**」、「町医者」は「**開業医**」とする。「外人」という語も差別語・不快語である。「**外国人**」とする。「ブッシュマン」は「**サン人**」（「**ジプシー**」は「**ロマ**」、「**エスキモー**」は「**イヌイット**」）である。「才色兼備」「美人」など、女性をことさらに強調したり、容姿に言及する表現も避ける。「バカチョンカメラ」は論外。「**簡易カメラ、軽量カメラ**」とすべきである。

出版社の編集者は通信社のガイドラインを守らないといけないわけではない。それぞれの編集者が自身の良心にしたがい、どのような基準で差別語・不快語を排除していくかを決めればいいのである。

問題 071

特定商品名をどうするか

特定商品名とは、特許庁に登録されている名称。いわゆる登録商標である。商標権者によって独占的にしようされるものを指す。文章中に不用意に使うと、弊害（商品の価値を貶める。商品の宣伝になる）が生じる恐れがあるので注意したい。以下の語のうち、特定商品名であるものはどれか。また、どういい換えるべきだろうか。

❶デンタルフロス ❷エレクトーン ❸ガムテープ ❹パイロン
❺セスナ ❻セロテープ ❼デジカメ ❽マジックインキ
❾万歩計 ❿ラジコン ⓫ループタイ ⓬ポリバケツ

解答

071

特定商品名でない一般的名称は❶の「デンタルフロス」と❹の「パイロン」だけである。「糸ようじ」「カラーコーン」は特定商品名。他の10点に関しては、それぞれの一般名称を示しておこう。❷「エレクトーン」は「電子オルガン」。❸の「ガムテープ」は「粘着テープ」。❺の「セスナ」は「軽飛行機、小型飛行機」。❻の「セロテープ」は「セロハンテープ」。❼の「デジカメ」(三洋電気の登録商標)は「デジタルカメラ」。❽の「マジックインキ」は「(油性)フェルトペン」。❾の「万歩計」は「歩数計、歩数メーター」。「万歩メーター」も特定商品名である。❿の「ラジコン」は「無線操縦(装置)」。⓫の「ループタイ」は「付けネクタイ、ひもタイ、ロープタイ」。⓬の「ポリバケツ」は「プラスチック製バケツ、ポリエチレン製バケツ」。

ちなみに、「アコーディオンカーテン」「ういろう」「ウィンドサーフィン」「プラモデル」「フラワーデザイナー」「フリーダイヤル」なども特定商品名だが、そのまま使用されることが多い。「デジカメ」も同様である(ただし、「ソニーのデジカメ」というような表記は不可)。

問題 072

難読地名

占冠《しむかっぷ》、弟子屈《てしかが》、中城《なかぐすく》、南風原《はえばる》など北海道、沖縄には難読地名が多い。もちろん、他の都道府県にもそれぞれに難読地名は存在する。以下の、地名・駅名の読み方を記せ。

①北海道　訓子府
②青森　田子
③岩手　越喜来
④宮城　秋保温泉
⑤秋田　笑内
⑥山形　飯豊
⑦福島　桑折
⑧茨城　大甕
⑨栃木　文挟
⑩群馬　神流
⑪埼玉　加須
⑫千葉　酒々井
⑬東京　雑色
⑭神奈川　酒匂
⑮新潟　小千谷
⑯富山　石動
⑰石川　羽咋
⑱福井　丹生
⑲山梨　金手
⑳長野　小県
㉑岐阜　坂祝
㉒静岡　大嵐
㉓愛知　味鋺
㉔三重　員弁
㉕滋賀　膳所
㉖京都　乙訓
㉗大阪　放出
㉘兵庫　宍粟
㉙奈良　野迫川
㉚和歌山　朝来
㉛鳥取　皆生
㉜島根　邑智
㉝岡山　都窪
㉞広島　三次
㉟山口　蓋井
㊱徳島　鮎喰
㊲香川　小豆郡
㊳愛媛　松前
㊴高知　半家
㊵福岡　直方
㊶佐賀　三養基
㊷長崎　浅茅湾
㊸熊本　和水
㊹大分　日出
㊺宮崎　銀鏡
㊻鹿児島　姶良
㊼沖縄　今帰仁

解答

072

辞書を引いても出てこない地名は原稿を書いたり、校正をしたりするにあたって、やっかいな代物である。ネット検索できるようになって、新聞記者や編集者はずいぶんと楽になった。それでも、基礎知識はあった方がいい。問題は各都道府県から代表的な難読地名をピックアップしてみた。地元の人にとってはなんでもない問題かもしれないが、正答率50％以上なら、相当の地名通である。

①くんねっぷ　②たっこ　③おきらい　④あきうおんせん　⑤おかしない　⑥いいで　⑦こうり　⑧おおみか　⑨ふばさみ　⑩かんな　⑪かぞ　⑫しすい　⑬ぞうしき　⑭さかわ　⑮おぢや　⑯いするぎ　⑰はくい　⑱にゅう　⑲かねんて　⑳ちいさがた　㉑さかほぎ　㉒おおぞれ　㉓あじま　㉔いなべ　㉕ぜぜ　㉖おとくに　㉗はなてん　㉘しそう　㉙のせがわ　㉚あっそ　㉛かいけ　㉜おおち　㉝つくぼ　㉞みよし　㉟ふたおい　㊱あくい　㊲しょうずぐん　※小豆島は「しょうどしま」　㊳まさき　㊴はげ　㊵のおがた　㊶みやき　㊷あそうわん　㊸なごみ　㊹ひじ　㊺しろみ　㊻あいら　㊼なきじん

問題

073

紛らわしい地名

以下の地名のうち、正式な行政上の地名はどれか（答えは一つとは限らない）。

1. A ススキノ　B 薄野　C すすきの
2. A 六ケ所村　B 六ヶ所村　C 六か所村
3. A 雑司が谷　B 雑司ケ谷　C 雑司谷
4. A 千束　B 北千束　C 洗足
5. A 江の島　B 江ノ島　C 江之島
6. A 賀茂川　B 加茂川　C 鴨川

解答

073

❶いずれも行政上の地名ではない。「ススキノ」は歓楽街の通称。「札幌ススキノ」のように使う。「薄野」は地域の総称。銀行の支店名、交番名などに使われている。「すすきの」は地下鉄の駅名。

❷「六ヶ所村」が正式村名。他は誤り。

❸「雑司が谷」は地名。東京メトロの駅名にも使われている。「雑司ヶ谷」は霊園、都電停留所名、「雑司谷」は小中学校名。地名は「阿佐谷」「市谷」「梅丘」なのに、駅名は「阿佐ヶ谷」「市ヶ谷」「梅ヶ丘」というパターンは東京にいくつも存在する。

❹「千束」は台東区の地名。「北千束」は大田区の地名。「南千束」という地名も存在する。「洗足」は目黒区の地名。大田区の池・公園名、東急目黒線の駅名。

❺「江の島」は神奈川県藤沢市の地名。「江ノ島」は江ノ島電鉄、小田急江ノ島線（片瀬江ノ島駅）の駅名。「江之島」は古称。

❻いずれの表記も長く使われてきたが、現在、川（一級河川）の名は「鴨川」に統一されている。「鴨川をどり」「鴨川人形」など。ただし、地名では北区に「上賀茂」、左京区に「下鴨」が存在する。「加茂街道」「賀茂大橋」「下鴨署」など、表記の混在は続いている。

第5章

デザイン・印刷の基礎知識

074

082

問題 074

本やページの各部の名称

書籍の各部は、独特の名称で呼ばれるものがある。例えば書籍の上側のことを「天」。下側を「地」と呼ぶ。では以下の各部の名称を答えよ。

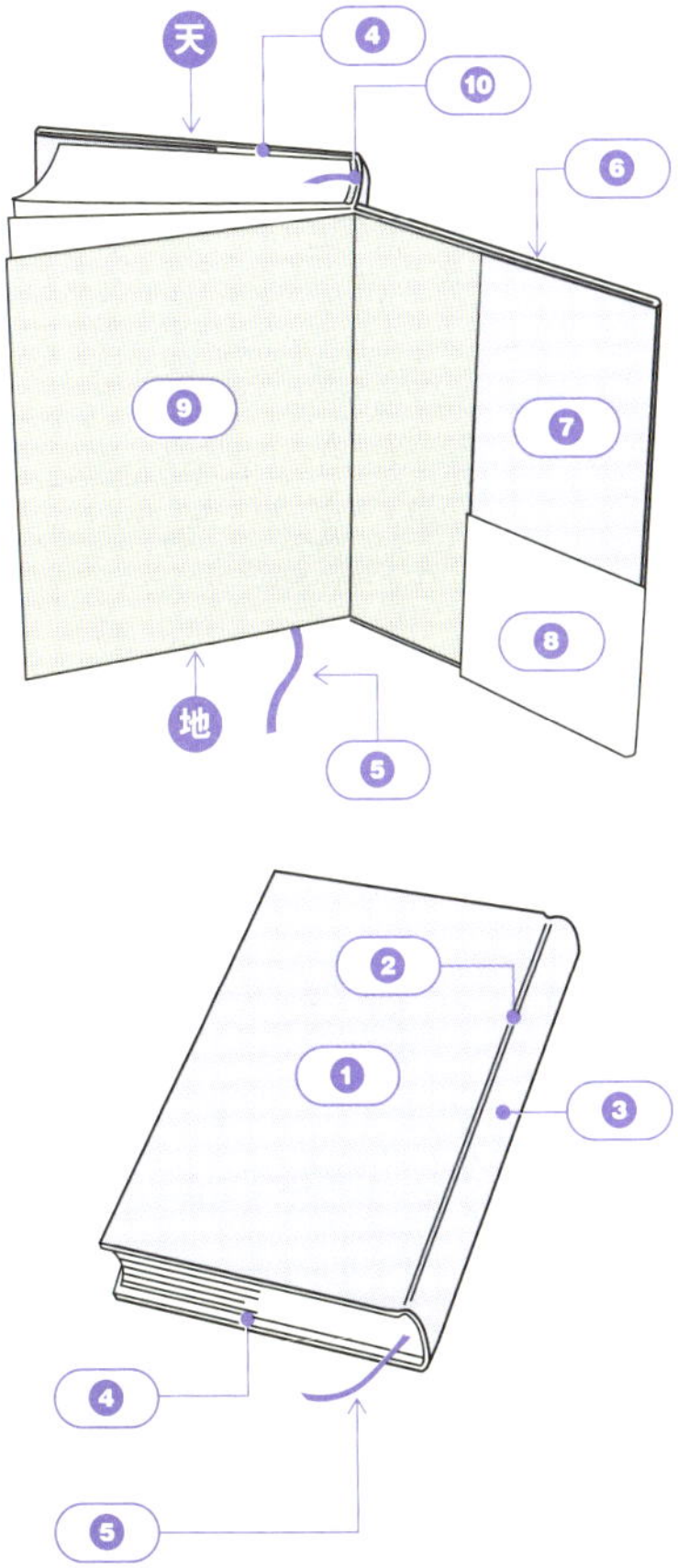

解答

074

❶表紙 ❷みぞ ❸背 ❹チリ ❺しおり
❻カバー ❼袖 ❽帯 ❾見返し ❿花ぎれ

一般の人はあまり耳にする機会はないが、本の各部分には細かく名前がついている。問題にはしなかったが、誌面を見開きにしたときの、中央側を「のど」、その反対側（端の部分）を「小口」という（P204参照）。これらの名称は電話やメールでのやりとりの際にとくに効力を発揮する。「表紙と見返しはA紙、カバーと帯はB紙、袖は80㎜に」「背（束）幅は10㎜以上で、のどが開きにくくならないように本文紙はやわらかめに」「天地、小口のチリは、通常3㎜のところを5㎜に」というふうに使う。もし、名前がわからないとしたら、「固い表紙と中を開いてすぐの紙（見返し）はA紙、固い表紙を上からすっぽりと覆っている紙（カバー）と下の方だけに巻いている小さな紙（帯）はB紙、その紙を折り返したところ（そで）の長さは80㎜に」というなんともまわりくどい感じになる。これできちんと通じているのかも怪しい。また、とくに説明が難しいのは「花ぎれ」「チリ」「みぞ」などだろう。

問題

075

製本と綴じ方

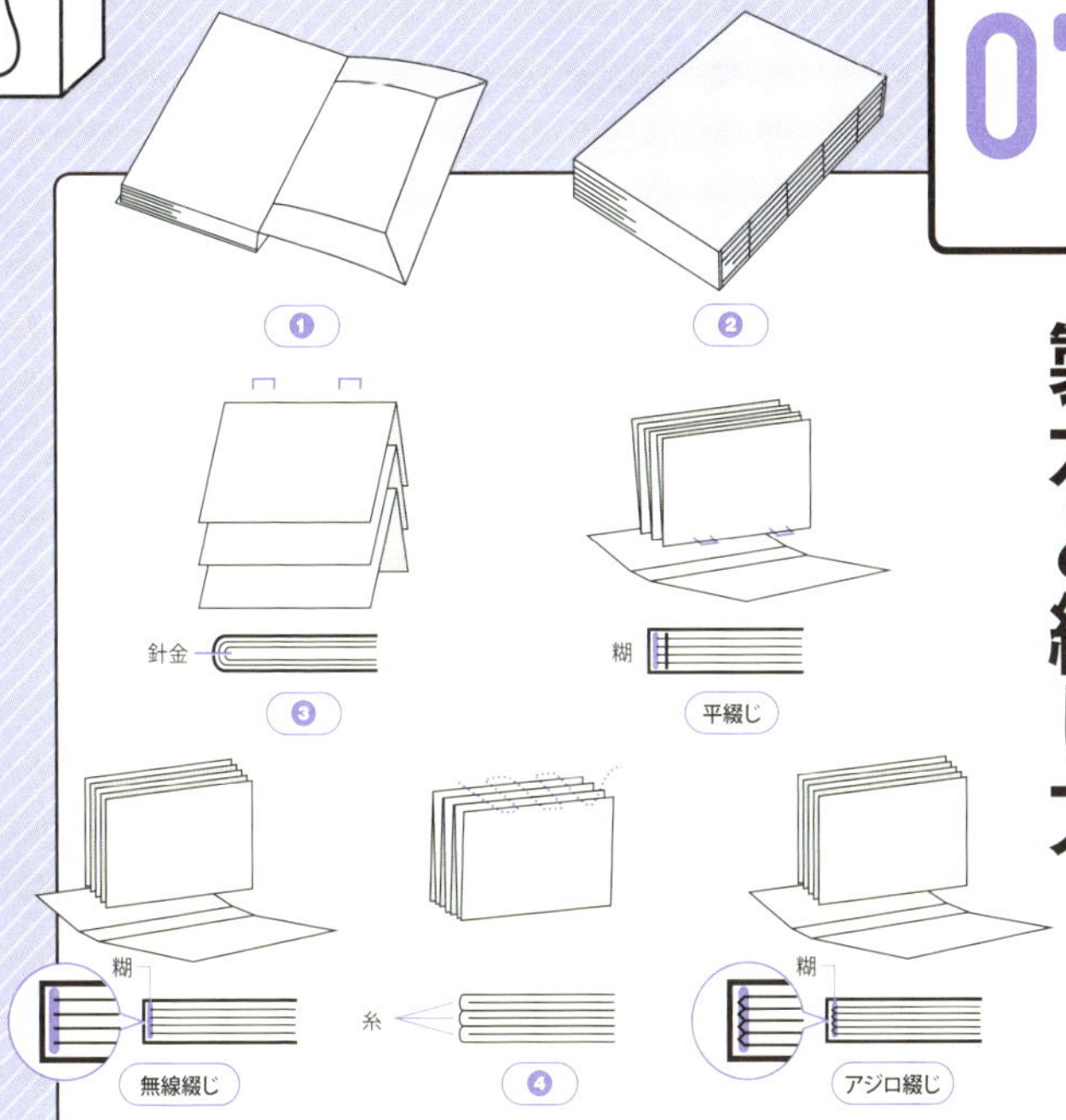

書籍のつくりでもっとも多く目にするのは、「上製本」と「並製本」である。上製本はいわゆるハードカバーといわれるもので、丈夫な芯紙を表紙の紙でくるんでいる。さらにその中に、背が角ばった「角背」と丸くなった「丸背」がある。並製本はソフトカバーといわれ、表紙に芯紙を使わずに1枚の厚紙で仕上げた、上製本を簡略化したものをさす。それ以外に特殊製本もある。また綴じ方もいろいろだ。上記の製本方法と綴じ方はなんと呼ばれているだろうか。

解答

075

①フランス装　②コデックス装　③中綴じ　④糸綴じ

表紙の四辺を折り込んで糊のりづけするのが「フランス装」、綴じた背がそのまま見えることから、綴じっぱなし製本とも呼ばれているのが「コデックス装」である。

本の綴じ方もさまざまで、週刊誌やパンフレットなどでよく見られるのが、「中綴じ」という、二つ折りにした紙の折り目を針金で綴じる方法。少年週刊誌や教科書などで用いられているのは「平綴じ」で、紙の端から5㎜程度のところを針金で綴じる。上製本や百科事典は、「糸綴じ」と呼ばれる、折丁を順に糸でかがっていく方法が多い。文庫や雑誌、並製本などで幅広く使われているのが、「無線綴じ」と「アジロ綴じ」。針金や糸を使わず、3㎜ほど背をカットし接着剤で固めて綴じるのが無線綴じ。背はカットせず、切り込みを入れ、そこから接着剤を浸透させていくのが「アジロ綴じ」である。

問題 076

紙の大きさ（判型）を知る

書籍、雑誌をつくるにあたって大きさを定めたルールはないが、よくつかわれる大きさ（判型）というものは存在する。以下の書籍、雑誌でよくつかわれる紙の大きさはどれか。選択肢から選べ。ちなみにA判の紙もB判の紙も、真ん中で半分に折ると、またタテヨコの比率が同じものになる。A1の半分がA2、A2の半分がA3、A3の半分がA4になるのである。

① 文庫本　② 週刊誌　③ 女性ファッション誌
④ もっとも一般的な書籍

A B5判　B A6判　C 四六判　D AB判

解答

076

❶＝B、❷＝A、❸＝D、❹＝C

店にはさまざまな大きさの書籍や雑誌がある。判型に厳密なルールはないが、雑誌は、A4判、B5判、AB判と比較的大きく、書籍はA5判、B6判、菊判、四六判と中くらい、文庫はA6判、少年少女漫画や新書は新書判、青年漫画はB6判と小さい。漫画を除けば、ヴィジュアル要素が多いものは大きめで、文字要素が多いものは小さめなのが一般的だ。それぞれの本の大きさは1枚の原紙から効率よく取れるサイズになっている。ただ、そのサイズをもとに、縦や横、またはその両方の長さを短くした変形サイズにすることもできる。よく「取り都合がよい」「取り都合が悪い」といういい方をするが、この取り都合というのは、1枚の原紙をロスなく使うことができるかということで、変形サイズにした場合は紙のロスがほとんど出ない正寸サイズに比べ、取り都合は悪くなる。ちなみに本書は四六判である。

問題 077

写真撮影を依頼する

撮影された写真が実際誌面でどう使われるか、編集者がきちんとイメージしているかどうかで、カメラマンの仕事は大きく変化する。写真は、誌面に使われるとき、大きく分けて、「角版」「切り抜き」「裁（断）ち落とし」と三つの使われ方がある。使われ方がわかっていれば撮影する側も対応しやすい。「角版」とは「紙面上に四角く使うこと」、「切り抜き」とは「撮影した被写体のカタチに切り抜いて使うこと（リンゴならリンゴのカタチに切り抜く）」である。「角版」ではなく、「切り抜き」で使うのであれば、切り抜きやすい写真を撮る必要がある。「切り抜き」で使うときに白い被写体の端（エッジ）を真っ白に撮影すると切り抜けなくなってしまうので、端にわざと黒い影を入れるのだ。

さて「裁ち落とし」とは、どのような写真の使われ方だろうか。

解答

077

誌面全体の端っこまで写真を使うことを「裁ち落とし」という。

　端っこまで写真を使うときには、必ず写真をはみ出したところまで印刷してから断裁する。

　JISサイズの紙（B5判とかA4判とか）のタテヨコの比率は1：√2（1：1・41）。35㎜一眼レフサイズは基本的に2：3（1：1・5）である。写真データの方が少し長細い。JISサイズの紙に写真を「裁ち落とし」で使うと、タテ長の誌面では上下が、ヨコ長の誌面では左右が切れることになる。はみ出た部分は断裁するので、いずれもわずかながら端っこ部分は切れてしまうのである。

　カメラマンは写真が「裁ち落とし」で使われるとわかっていたら、画面ギリギリまでの写真は撮らない。「裁ち落とし」の場合は、写真をノートリミングで使用することができないからだ。

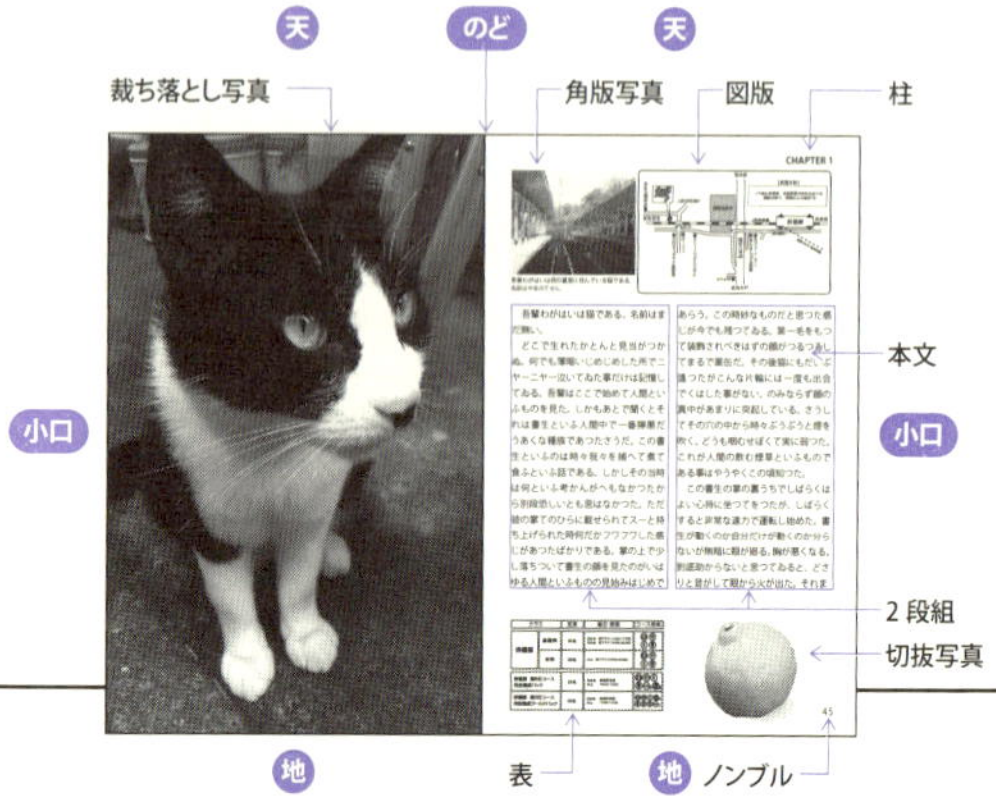

問題 078

重さでわかる？ 紙の種類

紙の種類は、さまざまだ。紙の表面に塗料を塗り発色効果を高める「塗工紙」、表面加工をせず紙の風合いを生かした「非塗工紙」、テクスチャーや色数が豊富な「特殊印刷用紙」がある。また、紙を決める際、手触りや色、発色はもちろん、それ以外に確認しておきたいのは、「原紙サイズ」「紙の重さ」「紙の目」の3点である。

さて、連量（規定サイズ1000枚の重さ）とは、紙の重さの単位である。日常よくみかけるもので、その重さを実感してみよう。以下の印刷物に使われている紙（四六判）の連量は何kgぐらいだろうか。ちなみに郵便ハガキは180kgである。

❶ 新聞折り込みのチラシ
❷ 映画館のチラシ
❸ DMハガキ
❹ ポスター

解答

078

❶＝70kg　❷＝90kg
❸＝110kg　❹＝135kg

解答は一般的な印刷物だと考えての数字である。映画館のチラシの中にも薄い紙で印刷されたものもあるし、DMハガキの中には郵便ハガキより厚いものもある。解答の数字はあくまで目安である。

紙の重さの単位には、連量（斤量）以外に「g／㎡」で表す坪量がある。坪量は紙の重さのもととなる数値で、紙1㎡あたりの重さのことをいう。

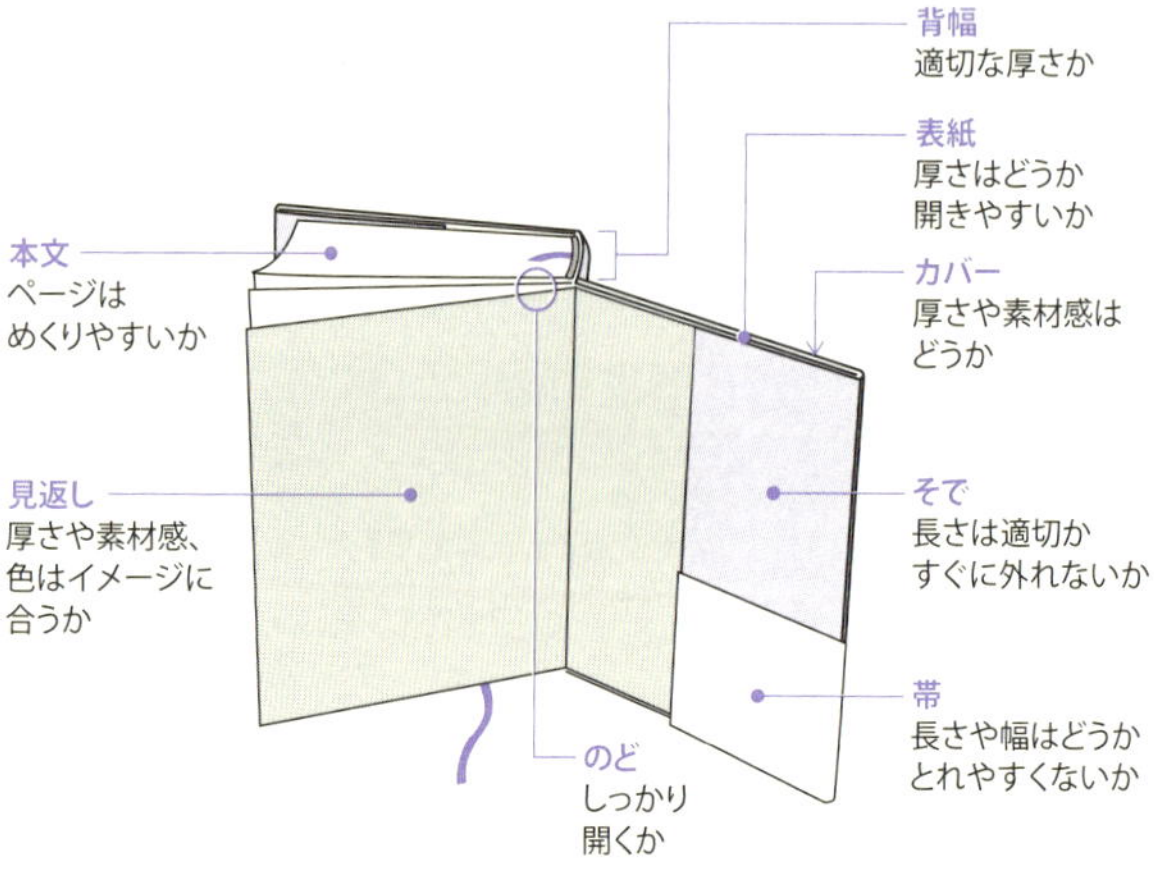

問題 079

書体の選択

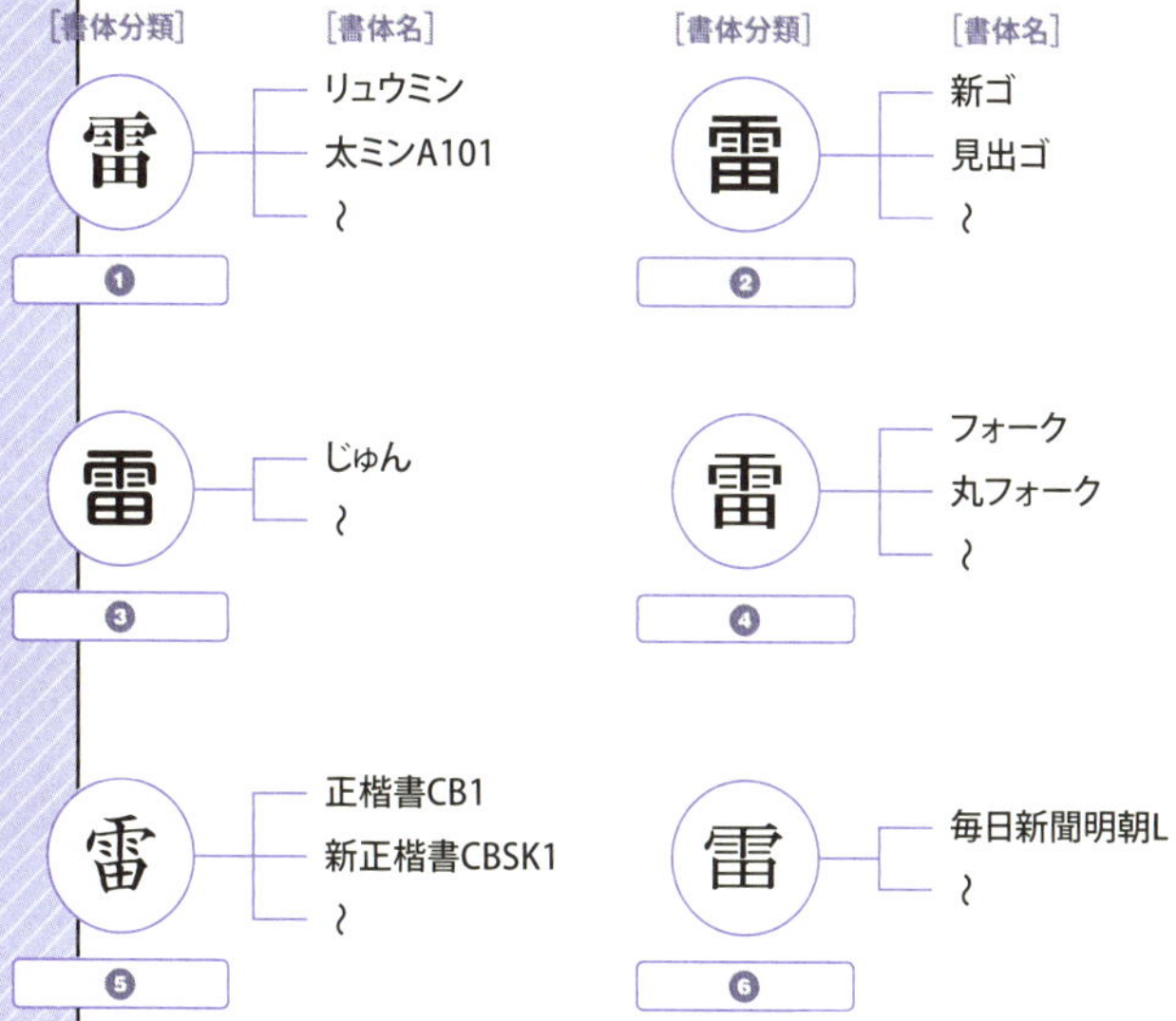

本づくりにおいて、どんな書体（フォント）を使うかも重要な選択項目の一つである。文字だけに集中して、いろいろな本を眺めてみると、実に多くの書体があることに気づくはずだ。使用頻度が高い書体をつくっているフォントメーカーの一つ「モリサワ」では、書体を6種に分類している。上記の書体はなんと呼ばれているだろうか。

解答

079

❶明朝体　❷ゴシック体　❸丸ゴシック体　❹デザイン書体　❺筆書体　❻新聞書体

もっとも一般的な書体は「明朝体」と「ゴシック体」だろう。明朝体は横の線が細く、縦の線が太いのが特徴で、本文でよく用いられる。ゴシック体は縦と横の線がほぼ同じ太さなのが特徴で、見出しや本文中のポイントなど、強調したい部分に使われることが多い。それ以外にも「筆書体」や「デザイン書体」、「新聞書体」などがある。印刷会社によって対応できるフォントが違うので、事前に確認しておこう。モリサワ以外にも、「フォントワークス」「アドビシステムズ」「NIS」「ダイナコムウェア」など、多くのフォントメーカーがある

リュウミン	雷鳥社（ライチョウシャ）
中ゴシックBBB	雷鳥社（ライチョウシャ）
新丸ゴシック	雷鳥社（ライチョウシャ）
デザイン書体	雷鳥社（ライチョウシャ）
筆書体	雷鳥社（ライチョウシャ）
新聞書体	雷鳥社（ライチョウシャ）

[本の判型と原紙]

判型（大きい順）	寸法mm	原紙（1枚の全版から取れるページ数）
B4判	257×364	B判（16） 四六判（16）
A4判	210×297	A判（16） 菊判（16）
AB判	210×257	AB判（32）
B5判	182×257	B判（32） 四六判（32）
菊判	150×220	菊判（32）
A5判	148×210	A判（32） 菊判（32）
B6判	128×182	B判（64） 四六判（64）
四六判	127×188	四六判（64）
A6判（文庫判）	105×148	A判（64） 菊判（64）
新書判	103×182	B判（80）
三五判	84×148	A判（80）

問題

080

四つの印刷方式

以下の文章の空欄を埋めよ。

印刷の方式は、使う版の種類によって主に四つにわけられる。「❶□□**印刷**」「❷□□**印刷**」「❸□□□□**印刷**」「❹□□**印刷**」の四つである。この中で編集者に一番馴染みがあるのが、「❷□□**印刷**」だろう。書籍だけでなく紙媒体の印刷物全般に広く使われている。印刷方法は、版につけたインキを、ゴムブランケットなどの中間転写体に転写して印刷をする。版が直接印刷面に触れないため、耐久性も高く、大量の印刷を短時間でこなすことができる。印刷機はシート紙に印刷する枚葉印刷機と巻取紙に印刷する輪転印刷機の2種類ある。大量高速印刷には輪転印刷機を使用する。「❶□□**印刷**」の印刷方式は、15世紀末に開発された、活字を組み合わせて版をつくる活版印刷の仕組みがもとになっている。スミ1色の両面刷りが主流で、文字印刷に向いている。「❸□□□□**印刷**」は、インキの乾燥が早いのが特徴で、大量部数のカラー雑誌によく使われている。紙媒体だけでなく、食品などの軟包装カラー印刷は「❸□□□□**印刷**」が主流である。インキを残したい画線部だけ凹んでいるため、凹版印刷ともよばれる。「❹□□**印刷**」は、シルクスクリーン印刷ともいわれ、感光液を塗布したスクリーン状の版に、紫外線で非画線部分を硬化し、インキを透過させることで印刷する。

解答

080

❶ 凸版　❷ 平版　❸ グラビア　❹ 孔版

凸版印刷は、平らな版に圧力をかけて一度に印刷をする平圧式印刷方式や、版自体が移動してインキ供給と印刷をおこなう円圧式印刷方式などがある。凸版印刷は、版に直接圧力をかけて印刷するため、版の耐久性がよくない。平版印刷は、転写（オフセット）して印刷するので、オフセット印刷とも呼ばれる。グラビア印刷は、紙媒体だけでなく、食品などの軟包装カラー印刷にも利用される。使用する版は、インキを残したい画線部だけ凹んでおり、版面全体にインキをつけてから、不必要な部分だけをこそげ取り、被印刷体に転写する。このため凹版印刷ともよばれるのだ。孔版印刷の原理は「謄写版（ガリ版）」「プリントゴッコ」と同様である。微妙な色調の調節や大量の印刷が難しく、出版物の主流ではないが、布地やフィルムのような特殊紙での印刷などで使用される。

問題 081

インキの不思議

印刷の工程は、形のないデジタルデータを実在するものに仕上げる作業である。忠実に色を再現するためにインキの存在は欠かせない。さて、通常フルカラーの印刷物であっても4色のインキだけで表現されている。

この4色をすべて答えよ。

ちなみに光の3原色はR（赤）、G（緑）、B（青）。印刷では色の3原色＋1色が使われる。

解答

081

C（シアン）、M（マゼンタ）、Y（イエロー）、K（スミ、ブラック）の4色である。

「プロセスインキ」や「セットインク」とも呼ばれる。色の3原色であるCMYの3色さえあれば、原理的にはすべての色が再現できる。色は、インキを混ぜてベタ塗りで表現するのではなく、網点といわれる小さな点の集合で再現する。一般にブラック↓シアン↓マゼンタ↓イエローの濃度の高い順で印刷され、点の重なりの密度差で様々な色、濃淡を表現するのだ。例えばM100%とY100%で刷れば赤、Y100%とC100%で刷れば緑になる。C100%、M100%、Y100%で刷れば原理的には黒ということになるのだが、黒（スミ）は印刷にとってもっとも重要な色なので、プロセスインキにはもう1色、K（スミ、ブラック）が加わる。通常文字原稿はCMYではなく、K100%で印刷される。

もちろん、インキの色数を増やせば、より微妙な表現が可能になる。

問題

082

印刷見積もりのチェックポイント

印刷費の重要構成要素は、製版代、刷版代、印刷代、用紙代、製本代の五つである。

したがって、印刷見積もりを印刷会社に出してもらうためには、判型、総ページ数、カバー、表紙、見返し、帯、本文に使う紙の種類、刷色の数（4色なのか2色なのか、それと1色なのか）、刷部数、製本形態（ソフトカバーかハードカバーか）などを決定しなければならない。これらを明記したものを書籍仕様書と呼ぶ。見積もり前に用意しておきたい。

さて、「製版」と「刷版」、なにが違うのだろうか。

また、製版時におこなう校正だが、「簡易校正」、「本紙校正」、「本機校正」の3種がある。その違いは？

解答

082

「製版」とは、文字通り印刷用の版をつくる作業。刷版をつくるための作業工程のことである。

「刷版」とは、平版(オフセット)印刷で、インキを乗せ、実際に印刷に使用する版のことだ。印刷機にセットする大きな平たい判子のようなものだと考えればよい。

「簡易校正」のことを、単に「プルーフ」と呼ぶ印刷会社も多い。専用の印刷機で印刷し、出力紙やインキも最終的に印刷するものとまったく違うため、厳密な色の校正をするのには向かない。しかし料金が安価で抑えられるため文字のみの校正なら簡易校正で十分である。色についてもおおまかには確認が可能だ。また納期が早く、入稿から最短1日で返ってくることもある。

「本紙校正」は、実際に印刷するものと同じ紙とインキでおこなう。違うのは専用の色校機といわれる印刷機でおこなうことだ。使用する紙にインキが乗ったときの色の具合などを確認できるため、微妙な色味を吟味したいときに向いている。しかし、印刷本機とは印刷自体の仕組みが違うのでまれに色のミスマッチングが発生する場合がある。また、簡易校正よりもコストは高くなる。

「本機校正」は、本番とまったく同じ環境で印刷をするため、より忠実で間違いがない。画集や写真集などの厳密な色調整には本機校正が向いているだろう。しかし、印刷代、紙代などの費用は本番とほぼ同じだけかかり、時間もかかる。

著作権を知る

第6章

▼▼▼

083

▼▼▼

089

問題

083

著作権の分類

クリエーターには著作権があり、編集者には著作権がない。

著作権はクリエーターに与えられた最大の権利である。著作権の基本を知ることはクリエーターたちとぶつかり合う編集者のサバイバルゲームにおいては必須だ。著作権は一言でいえば「表現した者の権利を保護する概念」ということになる。著作権を大きく分類すると「著作人格権」と「著作財産権」の二つにわかれる。「著作人格権」は著作物を著作者の意思に反して、他人によって改変されないことを保障したものだ。「著作財産権」は著作者が財産としての著作物を管理する権利を保障したものだ。さて、この二つの権利、著作者の死後、相続されるだろうか。

解答

083

「著作財産権」は相続されるが、「著作人格権」は相続されない。

「著作人格権」は著作者が死去した場合は消滅するのである。ただし、著作者の死後も継続して著作者が行使した著作人格権は尊重されるものとされている。つまり著作者の遺族の立場でも生前著作者が決めた著作者名や作品タイトルの変更も勝手にはできないということになる。「著作人格権」とは（1）著作者が著作物を公表するか公表しないかの自由（公表権）、（2）著作者が著作物にどのような名義クレジットをつけるかの自由（氏名表示権）、（3）著作者が自分の意に反して著作物の内容や題名を他者に改変されないことの権利（同一性保持権）の三つ。

著作財産権は単に「著作権」と表記される場合も多く、世間で「著作権」というときはお金がからむ著作財産権を指すことが多い。こちらは、遺族に相続され、著作者の死後50年間保護される。

問題

084

印税のルール

印税とは著作権者に支払う著作権の使用料のことである。英語のstamp dutyの訳である印紙税が語源だが、税金の一種ではない。もともとは発行部数の不正申告を防ぐため、著者が書籍の奥付などに紙片（検印紙）を貼っていたことに由来する。印税という言葉が使われるのは出版と音楽・映像業界の一部で、一般的には「ロイヤリティ」や「ライセンス料」と呼ばれる支払方式と同じ形式である。

次の印税に関するルールの中で正しいものはどれか。

1. 日本の出版物の印税は定価の10％と定められている。
2. 印税は印刷部数に対して支払われる。
3. 印税ではなく、買い取り方式による支払方法もある。

解答

084

正しいのは ❸ である。

大手出版社が標準としている定価の10％という印税率が主流であることは確かだ。しかし、これは決められたルールではない。小出版社では印税率を低めに定めているところも多い。写真集や詩集など出版しても収益を出すのが難しいものに関しては、印税率が5％以下ということも珍しくない。そもそも印税そのものが設定されないこともある。逆にあきらかに大量販売が見込める作家に対しては、10％＋αの特別印税が設定されることもある。ほとんどの出版社は、他の著者との関係上、公式に10％以上の印税率があることを認めないが、圧倒的な力があれば著者優位の契約を結ぶことも可能というわけだ。

印税が印刷部数に対して支払われるとは限らない。実売部数に応じて印税を支払うという出版社も少なくないのだ。

印税ではなく、買い取りということはままある。通常は印税よりも高い対価が支払われるべきだが、そうでないこともある。これは出版社と著者の力関係によることになる。

問題 085

編集・データ収集の著作権

以下の裁判、勝ったのはどちらだろうか。

【裁判内容】

作家阿刀田高氏が松本清張氏に関するエッセイを書くに当たり、清張作品の映像化を処理する会社に参考資料として映像化リストの送付を依頼。会社側の社員H氏は１５５作品の公開日、放送日、視聴率などのデータが列挙されたリストを阿刀田氏に送付。阿刀田氏はH氏に特に許諾を得ることなく、リストに一部修正を加えて自著に掲載し出版。H氏が精神的な損害と著作権が侵害されたとして計４００万円の賠償を請求し阿刀田氏と出版元の中央公論社（当時）を提訴した。

解答

085

勝ったのは、「阿刀田氏と中央公論社」である。

「判決」
東京地裁は映像化のリストはデータを収集したものであり著作物として必要な創作性がないとして原告H氏の訴えを棄却。視聴率データなどはテレビガイドの出版物に通常掲載されるものであり選択に独創性はないと判断し編集著作権を認定しなかった。H氏がデータ収集に労力をかけ、そのデータに貴重性があったとしても、リストに著作物性を認めることはできないとした。

著作権が認められる要件として創作性が必要であり、単純な情報（それがどれほど貴重なものでも）には著作物性がないという判断を示した判例として有名。編集者の仕事の中で、集めたものから必要なものを選択したり、並べ替えたりする作業はきわめて重要である。ところが、素材選択、配列作業は創造性のある技術として認められなかったというわけだ。編集者サイドに立てば、残念な判決である。

問題 086

アイデアを出した編集者、出版社の権利

前問と同様である。裁判に勝ったのはどっち？

「裁判内容」

コミック「キャンディ・キャンディ」のストーリーをつくりあげた児童文学者である原作者水木杏子氏と漫画家で作画を担当したいがらしゆみこ氏は、アニメのリメイクをすすめるために1995年に著作権管理を依頼していた出版元の講談社との契約を解除した。二者が共同著作権を管理するということで合意していたが、いがらし氏が水木氏に断ることなくキャラクターの商品化を推進したことを水木氏が発見し、水木氏がそれらキャラクター商品の流通の差し止めを求めていがらし氏を提訴した。

解答

086

勝ったのは水木杏子氏。

「判決」
地裁、高裁、最高裁ともに水木氏を著作者である原作者として認定し、キャラクターの絵の商品化についても水木氏の許可が必要との判断を示した。加えて、キャラクターの絵を使用しなければ、水木氏が原作者としていがらし氏の許諾がなくても商品化をすすめる権利があることも示した。

水木氏といがらし氏は現在も和解に至っておらず、「キャンディ・キャンディ」は市場から姿を消したままだ。この企画を最初に構想したのは出版社・講談社の「なかよし」編集部であることは裁判資料からもわかる。編集長の構想からはじまったこの作品だが、もとのアイデアを出した講談社は現在無権利であり、著作者同士の対立の前になす術がない状態だ。編集者の重要な仕事として、本のテーマやストーリー展開のアイデア出しがある。しかし表現されたものでないと著作権は与えられないのだ。出したアイデアがどんなに重要でも著作権として法的に守られることはない。

問題

087

判例から学ぶ引用のルール

続いて裁判の問題である。勝ったのはどっち？

「裁判内容」

サッカー選手の中田英寿氏は選手キャリアの絶頂期を迎え関連書籍も多数出版されていた。A出版社が中田氏のW杯フランス大会出場までの半生を描いた評伝をA出版社の代表B氏を著者として2000年3月に出版。中田氏が写った写真をカバーに採用、写真23点と中田氏が中学生時代に書いた「目標」という詩も全文掲載した。中田氏は自身のプライバシー権、パブリシティ権（著名人の肖像使用権）、著作権が侵害されたとして、損害賠償と出版差し止めを求めてA出版社とB氏を提訴した。

解答

087

基本的に勝ったのは中田英寿。
ただし、A出版社、B氏の主張も一部認められた。

「判決」
東京地裁は2002年に、（1）中田氏は著名人でありカバー写真などに肖像が使用されるのは甘受すべきとしてパブリシティ権の侵害の訴えは棄却、（2）プライバシー権については中田氏の私生活部分においてのみ侵害を認定、（3）詩の引用については本文との関連性が低く、引用の原則である主従関係が成立していないとして著作権侵害を認定し、385万円の賠償と出版を差し止める判決を下した。

書籍には文集に載った中田氏の詩全文の版面をスキャンした写真画像が掲載された。判決では「本件書籍の読者は本件詩を独立した著作物として鑑賞することができるのであり、被告らが本件書籍中に本件詩を利用したのは、被告らが創作活動をする上で本件詩を引用して利用しなければならなかったからではなく、本件詩を紹介すること自体に目的があったものと解さざるを得ない」として引用の必然性を否定した。

問題

088

漫画の引用は許されるか

さて、以下の裁判の勝者は？

「裁判内容」

漫画家小林よしのり氏は、部落差別、反戦思想批判、オウム真理教批判、薬害エイズ問題など大手マスコミが深く追求しない問題にも正面から取り組み、先鋭的な思想作品として高く評価されていた。被差別部落史の研究家であり日本の戦争責任問題にも取り組んでいた上杉聰氏は、1997年に小林氏の思想を批判する「脱ゴーマニズム宣言」（東方出版）を出版。同書では小林氏の漫画のコマが引用というかたちで57点掲載された。小林氏はコマの無断引用による著作権侵害、コマの編集による同一性保持権の侵害などを主張。上杉氏は著作権法で認められた引用の範囲内であると抗弁した。

解答

088

結果は双方の痛み分けとなった。

「判決」
一審の東京地裁は上杉氏の著書中のコマ引用は（1）明瞭区分性（2）主従関係が成立しており、「絵画の批評に際しては絵の引用が認められ、文章の批評に際しては文章の引用が認められる。絵部分と文字部分が有機的一体として結合し、不可分の関係にある漫画の批評に際しては、漫画のカット全体の引用が認められるべきである」として、小林氏の請求を棄却し上杉氏の全面勝訴となった。控訴審の東京高裁では、一審判決が修正され、編集上の都合で配置が変更されたコマ1点については同一性保持権の侵害を認め、上杉氏の著書の出版差し止め、および上杉氏に対し20万円の損害賠償、小林氏の訴訟費用の一部（250分の1）の負担を命じた。

それまで判例がなかった漫画の引用について、文章同様に引用の成立を事実上認めた判決として高名である。控訴内容では著作権侵害はないとしながらも、同一性保持権侵害を認めて、出版に対する制裁としてもっとも重い出版差し止めを出す一方で、原告に対する訴訟費用負担を異例の250分の1という訴訟費用負担（通常は1～2割）など、原告、被告双方が痛み分けとなるような微妙な修正が加えられた。

問題 089

クリエーターの権利

「うちの雑誌の6月号にハワイのホテルリゾート特集用の写真を撮って欲しい」とA社の編集者Bさんから依頼を受けたカメラマン。撮影経費はすべてA社持ち、取材の段取り、取材交渉もすべてBさんがやってくれた。撮影データをA社に納品した3か月後、日頃仲良くしている出版社C社の編集者からハワイのホテルリゾートの写真があれば貸してほしいと頼まれる。必要とされているホテルリゾートの写真は、まさにA社の依頼で撮影したもの。A社とC社の雑誌、競合するわけでもないし、小さな扱いとも聞いたので、気軽に貸してあげることにした。C社の雑誌に掲載されることを聞いたBさんは、カメラマンに掲載不許可を申し入れた。A社よりもC社との付き合いを大切にしたいカメラマンは、この申し出を無視。C社の雑誌への掲載を強行した。これは許される行為だろうか。

解答

089

Bさんは納得いかないだろうが、法律的には許される。

著作権はあくまで撮影したカメラマンのものだからである。撮影経費を負担しようが、取材の段取りをしようが残念ながら出版社や編集者に著作権はない。このような事態を避けるためには、撮影前に撮影したものは出版社側の著作物になるという了解をカメラマンからもらう必要があるのだ。口頭だけだと「いった、いわない」でもめる可能性もあるので、契約書を結ぶのが望ましい。ただ、なんでもかんでも契約書をつくるというのは日本の商習慣には馴染まないかもしれない。

このカメラマン、法律的には許されるかもしれないが、道義的には完全にアウトである。少なくともA社がこのカメラマンに仕事を依頼することは二度とないだろう。

第7章

出版流通の基礎知識

090

101

問題

090

刊行時期を意識する

書籍にも〝旬〟というものが間違いなくある。もちろん、時事的なニュースを扱ったものなら1日もはやく市場に出すことが大切だ。料理本だって、刊行する時期に気をつかうのは当然のことだ。「手づくりチョコレートのためのヒント88」という書籍を8月に発売する編集者はまずいないだろう。クリスマスかバレンタインの1～2カ月前に発売するというのが普通である。では、以下のタイトルの書籍が意識すべき記念日はいつだろうか。また、その日はなんの日だろうか。選択肢から選べ。

［タイトル］

❶「はじめての朗読表現トレーニング」
❷「うちでお茶する？ 100のコツ」
❸「与謝野晶子に学ぶ〝女の矜持〟」
❹「芥川龍之介の人生相談室」
❺「妻を撮ること」

［日付］

A 5月29日　B 6月19日　C 7月24日
D 11月1日　E 11月22日

［なんの日］

イ いい夫婦の日　ロ 河童忌　ハ 白桜忌
ニ 朗読の日　ホ 紅茶の日

解答

090

「はじめての朗読表現トレーニング」
雷鳥社刊／松濤アクターズギムナジウム監修
¥1800＋税

❶＝B＝ニ　❷＝D＝ホ　❸＝A＝ハ
❹＝C＝ロ　❺＝E＝イ

何かを売るためにイベント、記念日を利用するのはどこの業界でも同じ。出版業界もその例外ではない。お正月、バレンタイン、卒業・入学、母の日、敬老の日、クリスマスのようなきわめて認知度が高いものはもちろんのこと、それほど知られていない記念日だったとしても、使わない手はない。雷鳥社でも、記念日作戦はよく利用している。①「はじめての朗読表現トレーニング」「妻を撮ること」はいずれも雷鳥社の既刊である。実際営業に「朗読の日」「いい夫婦の日」を活用している。「河童忌」は芥川龍之介、「白桜忌」は与謝野晶子の忌日。ちなみに5月19日は「美空ひばりの誕生日」、6月19日は「桜桃忌（太宰治の誕生日であり遺体が見つかった日）」、7月24日は「劇画の日」、11月1日は「犬の日」、11月22日は「大工さんの日」でもある。

問題

091

文学賞についての基礎知識

話題づくりということでいえば文学賞も出版業界において大切なアイテムである。１年間に発表される文学賞の総数は３００を超えている。大賞だけでなく入賞者も受賞者だと考えれば、毎日１人以上の文学賞受賞者が誕生していることになる。ほとんどの文学賞受賞者については関係者以外の人にとっては「知らないなあ」ということになるだろうが、芥川賞、直木賞、本屋大賞は別格である。文芸担当の編集者は、この発表時期も強く意識していなければならない。芥川賞、直木賞、本屋大賞の発表はいつ？

解答

091

芥川賞、直木賞の発表は年2回、1月と7月におこなわれる。本屋大賞は4月である。

問題文では別格と書いたが芥川賞、直木賞受賞者であったとしても一般読者の記憶の中にいつまでも残り続けることは容易なことではない。もし、ここ10年の芥川賞作家の名前を10名以上あげられる読者がいたとしたら、それはかなりの文学オタクといっていいだろう。「都知事閣下のためにもらっといてやる」（田中慎弥）とか「そろそろ風俗に行こうかな」（西村賢太）のように受賞報道ときの過激な発言で大きな話題となるか、ピース又吉のようにもともと認知度が高いか、いずれかでなければ、なかなか人の記憶には残らないのである。

本屋大賞は今、もっとも「本が売れる」に直結する文学賞である。もちろん、書店員が売りたい本に与えられる賞で、もともとエンターテインメント性が高い本が選ばれるわけだから、当たり前といえば当たり前のことなのかもしれない。それにしても、この本屋大賞の影響力はすごい。「東京タワー」（リリー・フランキー）、「告白」（湊かなえ）、「舟を編む」（三浦しおん）、「海賊とよばれた男」（百田尚樹）と大ベストセラー目白押しである。やっぱり書店が本気になればベストセラーはつくれるのである。

問題 092

出版流通の基本

以下の文章の空欄を埋めよ。

出版流通の最大の特徴はなんといっても「（A）販売」と「（B）販売制度」の二つだ。（A）販売を小売店に強要することは、需要と供給の原則に基づく正常な市場競争を妨げるため、資本主義経済制をとる国では原則、（C）法などの法令で禁止されている。それにもかかわらず日本では書籍・雑誌の（A）販売が可能な「（D）制度」が（C）法の例外として音楽ソフト・新聞とともに認められている。そしてこの（A）販売とセットになって日本の出版流通を特異なものにしているのが「（B）販売制度」である。書店は（A）販売の原則があるので割引セールをして在庫処分をすることができない。その代わりに売れない本の返品が可能となる。

解答

092

（A）＝定価、（B）＝委託、（C）＝独占禁止、（D）＝再販（再販売価格維持）

流通を知ることは商品プランニングの基本である。書籍という商品は、まず「売れない本は返品される」という大前提をもとにつくらねばならないのである。もっといえば、書店の棚に並べられることなく「売れそうにないから返品」ということも起こる。書店側には、新刊書籍を注文したからといって、それを売る義務（道義的責任は多少あるものの）と経済的責任は生じないのである。

［配本までのワークフローの一例］

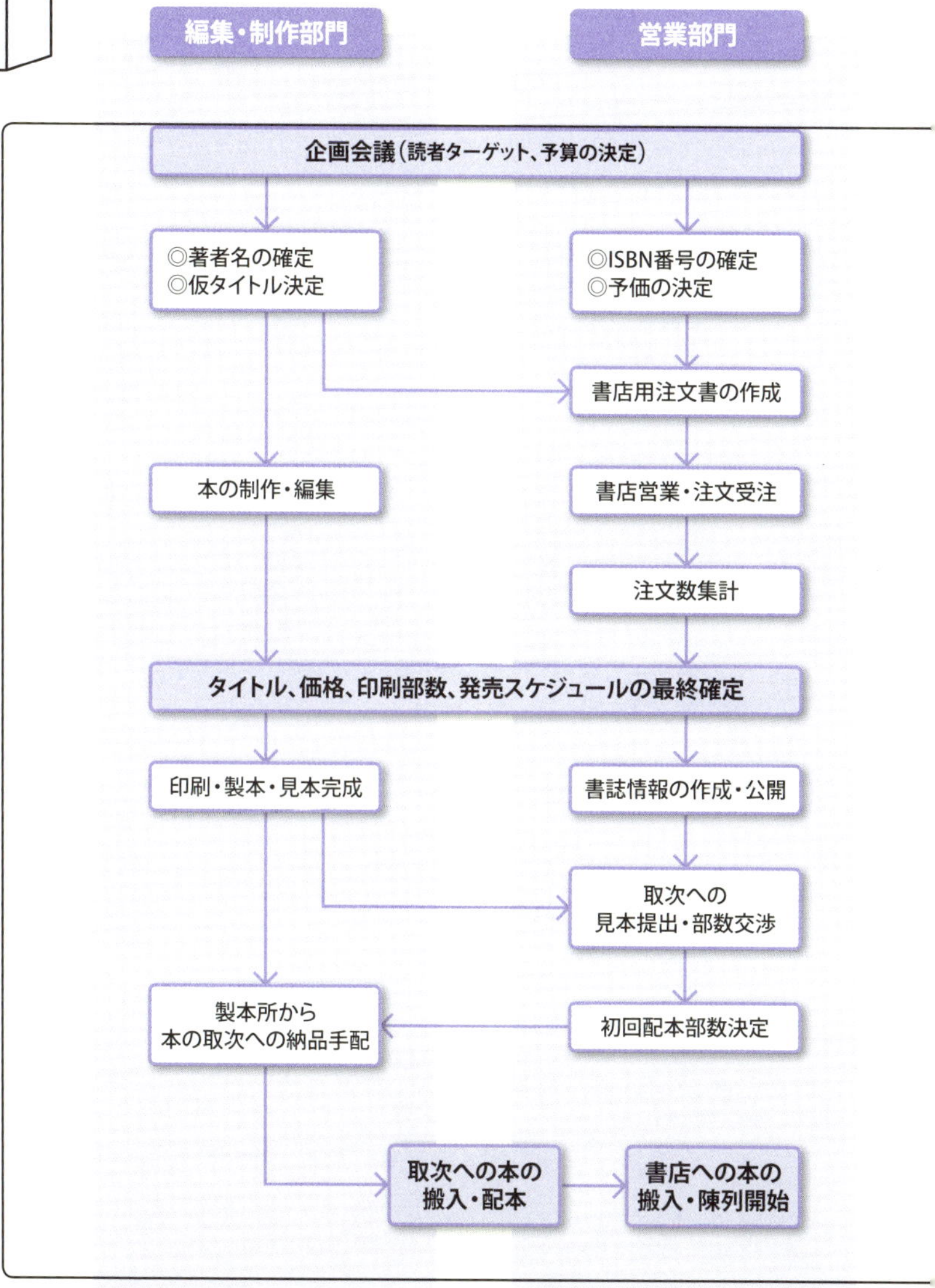
編集・制作部門
営業部門
企画会議（読者ターゲット、予算の決定）
◎著者名の確定
◎仮タイトル決定
◎ISBN番号の確定
◎予価の決定
書店用注文書の作成
本の制作・編集
書店営業・注文受注
注文数集計
タイトル、価格、印刷部数、発売スケジュールの最終確定
印刷・製本・見本完成
書誌情報の作成・公開
取次への
見本提出・部数交渉
製本所から
本の取次への納品手配
初回配本部数決定
取次への本の
搬入・配本
書店への本の
搬入・陳列開始

問題

093

日米独の出版流通の仕組み比較

以下の選択肢から選び空欄を埋めよ。

	日本	アメリカ	ドイツ
本の価格	基本定価販売	（A）	（B）
本の返品	（C）	（D）	（E）
書店への卸値	（F）	（G）	（H）
出版社の立地	（I）	（J）	（K）
書店動向	（L）	（M）	（N）

本の価格	❶原則定価（18カ月の時限定価あり）　❷自由価格
本の返品	❶仕入れは買切り前提で、限定的に返品を許容 ❷事実上自由返品、注文品の返品許容度も高い
書店への卸値	❶出版社、書店によって条件が変動 ❷法律によって規制があり、ほぼ一定比率 ❸集団訴訟の結果、業界内でほぼ統一比率
出版社の立地	❶全土に分散　❷大都市に一極集中 ❸基本的には全土に分散、ただし五大大手は大都市に
書店の動向	❶最大手1社と独立系書店に二極化 ❷大手チェーンと独立系が拮抗 ❸複数の大手チェーンが競合、独立系は減少化傾向

解答

093

(A)＝2　(B)＝1　(C)＝2　(D)＝1　(E)＝1
(F)＝1　(G)＝3　(H)＝2　(I)＝2　(J)＝3
(K)＝1　(L)＝3　(M)＝1　(N)＝2

日本の出版流通の特徴は、定価販売と委託販売（実質返品自由）である。また、多くの出版社と書店を少数の取次がつなぐ「ひょうたん型」であることも、特徴的だ。

アメリカの出版業界では五大大手が圧倒的な力を持つ。書店業界は最大手バーンズ・アンド・ノーブルと独立系の二極化が進む。ドイツの出版業界は最大手ベルテルスマンが世界的メディアグループを形成、こちらも圧倒的な力を持つ。書店業界は日本に比べれば、独立系の書店もある程度の力を持っているといえるだろう。

問題 094

書籍に挟み込まれている二つ折りの長細い伝票の役割は？

書籍に挟み込まれている二つ折りの長細い伝票（左図は56%に縮小した）。この伝票のことを出版業界ではなんと呼んでいるだろうか。また、その役割は？

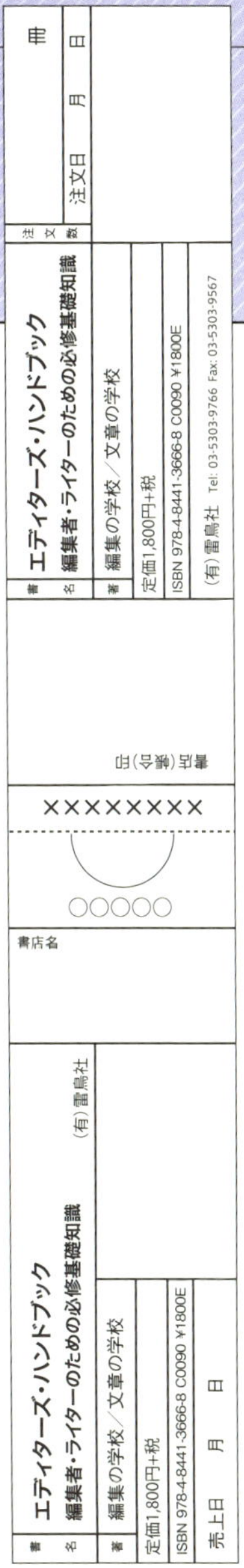

解答

094

実際の伝票には××××××のところは「補充注文カード」、○○○○○のところは「売上カード」と書かれている。

このまま、「補充注文カード」、「売上カード」と呼ぶ人がいないわけではないが、業界的には**「スリップ（売上スリップ）」「短冊」**と呼ぶ人の方が多い。書店では購入時に抜かれてしまうので、一般読者には馴染みのないものかもしれない。書店、出版社にとっては大切なものである（いや、あったというべきかもしれない）。かつて**「補充注文カード」は、文字通り補充注文につかわれ、「売上カード」はどの本がどれだけ売れたかを管理するためにつかわれた。**現在では多くの書店がPOSシステムを導入しているため、「補充注文カード」を利用した注文、「売上カード」を利用した商品管理をする書店はきわめて少なくなってきている。

問題

095

書籍の注文

前問に登場した補充注文カード、実際このカードをつかって注文するときには、書店は「書店（帳合）印」の欄に下記のような判子を押す。新刊の注文書に押すのも同じ判子である。さて、この判子、なんと呼ばれているだろうか。また、帳合とはなんのことだろうか。

トーハン

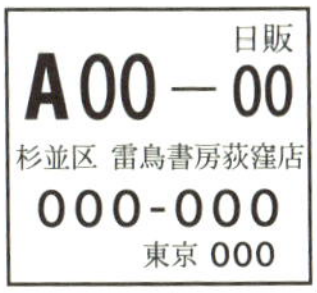

日販

ブックスライチョウ

雷鳥社

解答

095

番線印（単に番線と呼ぶことも多い）は書店が取次との取引情報を表示するための判子である。

いわば、書店の印鑑のようなものだが、同時に住所、連絡先もわかるゴム印の役割も果たしている。番線印には取次から指定された作業コードと書店コードが入る。作業コードはアルファベットが入った5〜6桁の番号で表記され、取次内で作業区分を表している。書店のグレードもこれからおおよその見分けがつく。書店コードは5〜7桁の数字で表記され、1店1コードのユニーク番号。書店は番線印を注文書に押して注文の意思表示をする。なお、番線印という名称は戦前、雑誌の配送を列車貨物によって振り分けていたことがもとになっている。

帳合は、もともと「帳簿合わせ」のことで、取引関係があることを意味する。帳合先は仕入れ取引をしている相手のこと。書店にとっては取次（トーハン、日販など）が帳合先となる。「うちの帳合はトーハンです」というふうに「先」は省かれることも多い。

新刊+既刊『カラス教科書』+『カラス補習授業』の注文書

問題

096

主要出版取次について知る

日本の出版業界は約3500社の出版社と約15000店の書店をわずか30社ほどの取次がつないでいる。出版流通は取次主導体制なのである。以下の主要取次の特徴を以下の選択肢から選べ。

❶トーハン ❷日販（日本出版販売） ❸大阪屋 ❹中央社
❺日教販 ❻日本地図共販
❼図書館流通センター（TRC） ❽地方・小出版流通センター

Ⓐ日配の大阪支店が母体となって設立。本社は大阪市。地方に本社を置きながら全国的な活動をしている唯一の総合取次。

Ⓑ日配の教科書部門と辞書系の出版社が設立した取次。現在も教育関係に強い専門型取次として活動している。

C 日配の雑誌部門と雑誌系の大手出版社が中心となって設立された総合取次で、戦後は業界のリーダー的存在として君臨。二大取次の一つ。

D 日配の書籍部門と書籍系の専門出版社が中心となって設立。二大取次で市場の70%以上のシェアを持つ。

E 戦後設立の地図やガイドブックを中心とする専門型取次。一般書店の他、アウトドア店との取引も多い。

F 日配の教科書部門の社員と教科書系の出版社が設立した総合取次。現在は教育系の要素は薄く、コミックやメディアミックス系の商材に強い。

G 1976年設立。大手取次との取引が困難な地方の出版社・小規模出版社と契約し、大手取次・大手書店・図書館との取引を代行する。

H 図書館向けの専門型取次。日本図書館協会の書誌データ作成部門が独立するかたちで1979年設立。全国の図書館の図書購入に大きな影響力を持っている。

※日配＝戦時体制下の1941年、政府は日本出版配給（日配）を設立。すべての取次が1社に統合された。

解答

096

❶＝C　❷＝D　❸＝A　❹＝F　❺＝B
❻＝E　❼＝H　❽＝G

300坪程度ある中型店であれば500社程度の出版社の書籍タイトルを取り扱っている。もしその書店が個別に出版社と取引していたとしたら、約500社と個別決済と個別受発送業務が発生する。これを一店で処理するのは現実的ではない。取次を通すことによって、この決済と受発送を取次1社に集約できるのだ。書店は煩雑な処理作業が増えることを嫌がり基本的には取次通しの取引を望む。直取引の出版社も一部存在するが例外的な存在だ。

一方、主要取次各社との取引権利さえ持っていれば、出版社は全国の書店に営業ファックスを送るだけで書店から注文はくる。書店員が注文書に注文冊数を書き込み番線印を押せば注文は完了する。

問題

097

返品期限を知る

書籍・雑誌という商品は、返品可が基本だが、注文品以外の商品については返品期限が決められている。注文品はルール上、返品不可ということになっている。さて、返品期限についてである。以下の委託品の返品期限はどれくらいか。選択肢の中から選べ。

A	新刊委託	❶ 45日	❷ 60日	❸ 105日
B	常備委託	❶ 3ヶ月	❷ 6か月	❸ 1年
C	週刊誌委託	❶ 7日	❷ 14日	❸ 45日
D	月刊誌委託	❶ 1カ月	❷ 2カ月	❸ 3カ月

解答

097

A＝3　B＝3　C＝3　D＝2

新刊委託期間は105日である。「新刊」に対する注文は通常「新刊委託」という区分の注文として出版が営業する。新刊委託の営業は要するに「書店様、105日以内なら何冊でも返品していいので試しに置いてくれませんか」ということである。その3カ月半が迫ると書店は返品ヤードに売れなかった書籍を置く。返品を認めた販売制度は委託と呼ばれる。書店にとっては「返品の自由の保証」であり、逆に出版社にとっては「返品が何冊返ってくるかわからない」ということである。新刊委託への注文は発売前しかできないので、発売後の注文はすべて「注文扱い」である。「注文扱い」は通常、出版社の了解がないと返品ができない。ただ現実的にはルール通り運営されていない。中小零細出版社は「返品不可」と書店にいえないところが多いからだ。

問題 098

ISBN番号ってなに?

書店流通している書籍の裏表紙には通常、ISBN番号とバーコードがつけられている。

ISBN番号の正式名称は国際標準図書番号(International Standard Book Number)で書籍のタイトルごとに固有の番号が割り当てられている。世界規模で重複発行がおこなわれないよう体制が整えられている。最初の978は書籍を意味する。次の4は国番号である。4は日本の国番号だ。

では、次の空欄を埋めよ。

❶	国番号0、1	英語圏
❷	国番号2	フランス語圏
❸	国番号3	ドイツ語圏
❹	国番号4	日本
❺	国番号7	(　　　　)
❻	国番号84	(　　　　)
❼	国番号88	(　　　　)
❽	国番号89	(　　　　)
❾	国番号604	(　　　　)
❿	国番号9946	(　　　　)
⓫	国番号99936	(　　　　)

解答

098

❺	国番号7	（中国）
❻	国番号84	（スペイン）
❼	国番号88	（イタリア）
❽	国番号89	（韓国）
❾	国番号604	（ベトナム）
❿	国番号9946	（北朝鮮）
⓫	国番号99936	（ブータン）

ちなみに工業製品はメーカー自身が他社製品に重複しないように製品番号をつけるが、書籍の場合はロンドンに本部を置く国際機関が各国に割り当てる。編集者は絶対に重複したISBN番号をつけてはいけない。同じISBN番号がつけられた書籍が一度流通して世に出てしまうと、その混乱を収拾することはほぼ不可能といっていいからだ。

問題 099

出版者記号ってなに？

ＩＳＢＮ番号、国番号の次にある数字は出版者記号と呼ばれるものである。

基本的に歴史の古い老舗出版社の番号は桁数も少なく、番号も若い。逆に新興出版社の番号は桁数が多くなる。

以下の出版者記号はどこの出版社のものか。選択肢から選べ。

ちなみに朝日新聞社の出版者記号は02、角川グループパブリッシングは04、講談社は06、新潮社は10、筑摩書房は４８０、雷鳥社は８４４１である。

❶ 00	❷ 01	❸ 03	❹ 05	❺ 07
❻ 08	❼ 09	❽ 13	❾ 14	❿ 15
⓫ 16	⓬ 344	⓭ 478	⓮ 530	⓯ 7641
⓰ 86207	⓱ 88063			

【選択肢】NHK出版、偕成社、文藝春秋、ダイヤモンド社、岩波書店、旺文社、早川書房、共同通信社、学研プラス、日本共産党中央委員会出版局、小学館、幻冬舎、宝島社、主婦の友社、集英社、リクルートホールディングス、東京大学出版会

解答

099

出版者記号に続くのが書名記号である。出版者記号の桁数が少ないほど、書名記号の桁数が多く使えるので多くの書籍を出版することができる。急成長する出版社は書名記号が足りなくなるので、新しい出版者記号を追加していくことになる。ちなみに今回の問題に出した宝島社の出版者記号は88063だけではない。宝島社は他にも7966、8002という出版者記号も持っている。

ISBN番号の増加はその出版社の成長の歴史を物語っているともいえるのだ。

2桁の出版者記号を持つ出版社には、日本を代表する老舗出版社がずらりと並ぶ。

❶00は岩波書店	❷01は旺文社
❸03は偕成社	❹05は学研プラス
❺07は主婦の友社	❻08は集英社
❼09は小学館	❽13は東京大学出版会
❾14はNHK出版	❿15は早川書房
⓫16は文藝春秋	⓬344は幻冬舎
⓭478はダイヤモンド社	⓮530は日本共産党中央委員会出版局
⓯7641は共同通信社	⓰86207はリクルートホールディングス
⓱88063は宝島社	

問題

100

ＪＡＮコードってなに？ Ｃコードってなに？

ＩＳＢＮコードを取得しただけでは書店に書籍を流通させることはできない。ＩＳＢＮコードをもとにＪＡＮ（Japanese Article Number）コードを作製して、それをもとにバーコードを書籍のカバーとスリップに入れるようにする必要がある。これで書店が読み取りスキャナーなどを使ってレジで売上処理ができるようになるのだ。ＩＳＢＮコード、ＪＡＮコードに加えてＣコード（図書分類コード）も必要となる。本書のＣコードは００９５。１桁目の０は一般書、２桁目の０は単行本、３桁目の９は文学、４桁目の５は随筆評論その他を意味する。では、１桁目の１〜９、２桁目の１〜９はなんだろうか。

解答

▼
▼

100

Cコード（図書分類コード）は、C（Cコードを意味する固定フラグ）＋1桁目（販売対象コード）＋2桁目（発行形態コード）＋3・4桁目（書籍内容コード）の構成で形成される。数字4桁のコードは分類表を見て決める。Cコードで出版社が「一般単行本・写真」を表す「0072」をつけても、書店では実用書や文学など出版社の意図を外れて展開されるということはままあること。

販売対象（1桁目）	流通向けに読者ターゲットを示すコード										
	コード	0	1	2	3	4	5	6	7	8	9
	内容	一般	教養	実用	専門	検定教科書など	婦人向け	学参Ⅰ（小中向け）	学参Ⅱ（高校向け）	児童	雑誌扱い

発行形態（2桁目）	流通向けに本の形態を示すコード										
	コード	0	1	2	3	4	5	6	7	8	9
	内容	単行本	文庫	新書	全集双書	ムック日記手帳	辞典類	図鑑	絵本	マルチメディア（CDなど）	コミックス

内容（3桁目：大分類、4桁目：中分類）	本の内容を表すコード。3桁目と4桁目を組み合わせて表現する。 空白部分はリザーブコードなので使用不可。 例えば、写真集などは「写真」のジャンル「72」（大分類：7、中分類：2）となる。										
大分類コード	中分類コード	0	1	2	3	4	5	6	7	8	9
0	総記	総記	百科事典	年鑑雑誌		情報科学（コンピュータ）					
1	哲学心理学宗教	哲学	心理（学）	倫理（学）		宗教	仏教	キリスト教			
2	歴史地理	歴史総記	日本史	外国史	伝記		地理	旅行			
3	社会科学	社会科総記	政治（国防・軍事含）	法律	経済財政統計	経営		社会	教育		民族民俗
4	自然科学	自然科学総記	数学	物理学	化学	天文地学	生物学		医学薬学		
5	工学工業	工学工業総記	土木	建築	機械	電気	電子通信	海事	採鉱冶金	その他工業	
6	産業	産業総記	農林業	水産業	商業		交通通信業				
7	芸術生活	芸術総記	絵画彫刻	写真工芸	音楽舞踊	演劇映画	体育スポーツ	諸芸娯楽	家事	日記手帳	コミック
8	語学	語学総記	日本語	英語		ドイツ語	フランス語		外国語		
9	文学	文学総記	日本文学総記	詩歌（日本）	小説（日本）		随筆評論その他（日本）		小説（外国）	その他（外国）	

問題101

電子書籍の現状と未来

近い将来電子書籍の時代になることだけは、確定的である(もちろん、紙の書籍もなくなるわけではない)。さて、電子書籍のメリット、デメリット、それぞれ三つあげてみよう。

解答

101

この問題、編集者それぞれが真剣に考えてみることが大事である。以下に一般的に考えられている主だったものをあげてみた。

メリット（読者にとって）

◎書店に行かなくても買える。
◎紙の書籍よりも安価である。
◎文字サイズ、フォント、背景色の変更が可能。
◎検索機能、マーカー機能、ブックマーク機能が便利。
◎圧倒的な大容量。
◎動画、音声情報の添付が可能。

メリット（出版社にとって）

◎製作費の大幅削減。
◎少部数、小容量でも発売が可能（「切り売り」も可）。
◎改訂、追加、削除が容易。
◎書店以外のあらゆる販売チャンネルでの販売が可能（世界同時発売も含めて）。

デメリット

◎モノとしての存在感が希薄（手触りなどは楽しめない）。
◎貸し借り、転売ができない（端末ごとなら可能）。
◎製作費の大幅削減により、低品質の作品が大量に出回る可能性大。
◎改訂が容易なため、様々なヴァージョンの作品が存在することになる。
◎書店を散策し、発見する楽しみの消失。

電子書籍出版は誰でも手軽にできるがゆえに、書籍の内容を高い水準に保つことが困難だともいえる。ビジネスではなく、自己表現することだけが目的となれば、編集者と一緒に、売れる本を試行錯誤してつくる必要がなくなる。編集者のアドバイス、プロの校正・校閲が従来は必要不可欠だったはずだが、省かれがちになるかもしれない。電子書籍は大幅なコストダウンが可能なのである。例え、赤字になったとしても、痛手はずっと小さい。個人で製作するにはうってつけだ。また、ビジネスとして電子書籍をつくる場合でも、版元や制作会社の基準は緩くなりがちだ。膨大な労力やお金を使う紙の書籍に比べると、リスクが小さいことが一番の理由になるだろう。よって、企画も通りやすくなる。クオリティが低い作品であっても、電子書籍としてプラットフォームに並ぶことになるのだ。

わたしのすきな職人

【東京彫金　P.176】
重く、硬い金属に施された美しいデザインに格調の高さを感じる「東京彫金」。
本書の奥付（P.253-254）に載っているカメラも、実は東京彫金の伝統工芸士がつくった親指ほど大きさの作品なのです。一見すると、本物かと思ってしまう精巧さに、歴史と伝統を感じられずにはいられません。

【江戸木版画　P.232】
版画の修行をしている友人がおり、その現場を見せてもらったことがあります。ていねいに彫り上げられた版に、ひとつひとつ色を重ねていく作業。
その色の濃淡までも計算しつくされた職人技。なんでも簡単にコピーができて、紙にも残さないデジタル化した現代に、木版画は本質を語りかけてくるようです。
この本を見たとき、どの職人技にも通じることですが、ひとつひとつていねいに向き合うこと。忙しい毎日に軽く流してしまう些細な出来事にも、背筋を伸ばして向き合っていきたいと自分の行いを振り返るきっかけになりました。

【本場黄八丈　P.28】
その名のとおり黄色が特徴の八丈島でつくられている絹織物。刈安という植物採るところからはじまり、気の遠くなるような行程を経て鮮やかな黄色に染め上げます。反物で安くても30万円以上しますが、その品のいい鮮やかさを見れば納得。草木染めとは思えない美しい色は、技術の継承の賜物。
もっと手軽に織物を楽しみたい場合は、会津地方の伝統工芸の会津木綿をおすすめします。綿なので気軽に洗えて、柄のバラティにも富んでいます。値段も手頃。もともと農作業着として作られた普段着用。しかし今や、着物に仕立てるのはもちろん、洋服、ショール、バッグ、帽子とその用途は幅を広げています。やはり伝統の織物はどこの地方のものでも技術がすばらしい。ぜひ一度本物を見てください！

人にしかできない味があるよね。

東京には技がある

東京都指定の伝統工芸品、全40業種に携わる職人を写真と共に紹介した2005年発売の『東京職人』（雷鳥社）を再編集。新しい判型お求めやすい価格に。江戸から東京へと受け継がれてきた歴史と伝統の技に41人の若き写真家が迫る。

注文書
帳合・書店名
ご担当者名
冊
補充注文
ISBN 978-4-8441-3667-5　¥1500
【新版】東京職人
発売　雷鳥社　TEL03-5303-9766　FAX03-5303-9567
著者　Bretta　P-05
1,620円（本体＋税）

わたしのすきな山

私は以前、富士山の８合目で働いていたこともあり、山が大好きです。その頃は富士山以外も阿蘇山、高野山、屋久島、高尾山などとにかく時間を見つけてはよく山に登っていました。子供を産んでからはなかなか山登りの機会は減りましたが、それでも毎年山でキャンプをしています。
山に登ると、自分が【生きもの】であることを実感します。山に住む野生の動物や木々、小さな虫となんら変わらない、ここに生きている存在になるような気がします。途中何泊もテントを張らなくてはいけないような過酷な山登りはしたことがないので、いつも軽装で行きほぼ何も持たずに下山することが多いのですが、そうなると、自分の身ひとつの状態に近く偉大な山にして、なんともか弱い自分を実感し、その少し不安で、少し期待をしてしまうような好奇心がくすぐられる感じがなんともたまりません。また簡単ではないけれど果てしないわけではないゴールがあることが、自分には合っていると思います。
この記事を書いて、近いうちにまた山に登ろうと思いました。

山登りはほとんどしませんが、山は好きです。最近登ってみたいと思っているのは日本百名山でもある会津駒ヶ岳、平ヶ岳など。
自宅からお手軽に行ける山で好きなのは御岳山です。ケーブルカーがあるので軽装で行けますが、スニーカーで歩かれることをオススメします。
御岳山はレンゲショウマの群生地としても知られ、夏には白い可憐な花をあちらこちらで目にすることができます。沢に沿って山登りを楽しめるロックガーデンと呼ばれるコースがあり、景色はまるで屋久島のよう。新宿から２時間で別世界を楽しむことができます！

ちなみに『山が大好きになる練習帖』の著者のKIKIさんと一緒に登った那須岳、ここにある三斗小屋温泉大黒屋は温泉もあり、おもむきもあり、ぜひまた泊まりたいイチ押しの山小屋です。

あなたも山が大好きになる

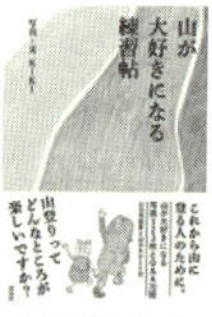

山が大好きなモデルのKIKIさんが、山についての疑問を優しく回答。KIKIさんの撮り下ろした清々しく、まっすぐな、そして親しみのある写真が満載で、山への愛が溢れています。きっとあなたも山に登りたくなる。山への入口の本です。

注文書
帳合・書店名
ご担当者名
冊
補充注文
ISBN 978-4-8441-3650-7　¥1500
山が大好きになる練習帖
発売　雷鳥社　TEL03-5303-9766　FAX03-5303-9567
著者　KIKI
1,620円（本体＋税）

サルのおもいで

私の両親の実家は、大分県の別府。高校卒業記念に、大親友と大分旅行をはりきって計画し、あれやこれやと見てまわりました。そのひとつが高崎山。高崎山といえばサル！　山ガールだった友人は、杖を片手に元気よく坂道をのぼってゆきます。
頂上に着くやいなや、「ぎゃあ！　」友人の大絶叫が。子ザルを背中に乗せた雌ザルが、友人の足にむしゃぶりついています。慌てて駆け寄る私。ふと視線を感じて振り向くと、ばっちり、地面に座っているサルと目が合ってしまいました。牙をむき出したサルが、奇声をあげて私に飛び付き、リュックの中から蜜柑とお菓子が入った袋を取り出します。「うわあ！　」と叫ぶ私を救出しようと、見知らぬおじさんたちも走ってきますが、サルはまんまと逃げ去っていきました。「サルって、怖い」。はじめてしみじみと知った１８才の春でした。でも、今でもサル好きです。

上京するまで、初もうでは厳島神社と決まっていた。海を渡り、海面に浮かぶ朱色の大鳥居が近づいてくると、それなりに厳かな気持ちになる。この島の名物は「しゃもじ」と「もみじ」、「サル」と「シカ」である。
甲子園（高校野球）の応援に使われる「しゃもじ」、広島のお土産知名度ナンバー１の「もみじ饅頭」はさておき、「サル」と「シカ」については一般的には馴染みが薄いかもしれない。
ところが、厳島（宮島）の「サル」と「シカ」には強烈な存在感がある。鹿は我が物顔で街中を歩きまわっていて、奈良の鹿より態度がでかい。猿は山の上の展望台付近を根城にしているのだが、きわめて凶暴である。猿に襲撃されると、厳かな気分はいっぺんに吹き飛ぶ。
申年の今年、宮島のサルは、ますます意気軒昂に違いない。宮島を訪れて、サル会わずして帰るは一生の不覚と心得るべし。

私は旅が好きです。旅のスタイルはいつも、思いつきでふらりと出発。まずは交通手段を何にするかというところから始まります。ヒッチハイクや１８きっぷ、高速バスや新幹線。色んな方法で移動するのですが以前、原付で西日本を一周したことがあります。当時住んでいた京都から出発して瀬戸内海沿岸を通り、関門海峡を渡って、九州を縦断し船で屋久島に渡りました。途中の阿蘇山で台風に直撃し、一人用のテントのポールが折れてしまい、その後はポール無しのテントの中で寝ていました。それはまるでもこもこしたビニールの中で寝ているようなもの。その姿がとても滑稽だったのか屋久島で朝起きたら物珍しそうにサルがわたしのテントを囲んでいました。動物園でサルを見ることはあっても、サルの方から見物されたのはははじめてでした。

２０１６年もどうぞよろしくお願いします☆

今年の干支　さるも彫れる?!　木彫りブーム到来です

ユニクロのＣＭ出演などメディアでも大注目の彫刻家・はしもとみおさんが教える木彫りのハウツー本。今年の干支さるをはじめ、みおさんのこれまでの木彫りどうぶつたちを新たに撮り下ろし、作品集としても十分楽しめる内容になっています。発売早々に重版するほど人気があり、木彫りブームが来る（?）かもしれません。

注文書

帳合・書店名

ご担当者名

冊

補充注文

はじめての木彫りどうぶつ手習い帖

発売　雷鳥社　TEL:03-5303-9766　FAX:03-5303-9567
著者　はしもとみお
ISBN 978-4-8441-3687-3　¥1700
1,836円（本体＋税）

らいちょう通信　雷鳥社 RAICHOSHA
〒167−0043
東京都杉並区上荻 2-4-12　TEL:03−5303−9766
FAX：03−5303−9567
vol.43
2015. 7. 1 発行

わたしのすきな tea time

とにかくコーヒーが好きです。お店やコンビニで買ったり、自宅で淹れたり毎日何杯か飲むのが習慣になっています。昔はブラックで飲めなかったのですが、いつの間にかブラックでしか飲まなくなりました。特にあの香りが好きなので、家でゆっくりコーヒーを淹れている時間は本当に至福です。
きっと毎日の生活に良い影響を与えている、に違いないと信じ込んでいます。

チャイが好きです。インドで飲んだとにかくあまーいチャイや、昔働いていたカフェで淹れていた日本人向けのさっぱりしたチャイ、スパイスの効いたチャイなど、チャイひとつとってもいろんな飲みかたがあり、その時の気分に合わせて調整するのが楽しいです。チャイだけでなく「お茶」することが好きなので自宅にはいろんな種類の飲み物を常備しています。遊びに来てくれたお客さんの体調や嗜好、その時の天気なんかに合わせていつもお茶を楽しんでいます。

一番好きなお茶は茉莉花茶（ジャスミンティー）。親に連れられて、ちょっと本格的な中華料理屋にはじめて入ったとき。出されたお茶が、ふわっと甘くて爽やかなジャスミンティーでした。
「この世にこんな美味しいお茶があるなんて！」と子ども心ながらに感激。花をお茶にするとは、なんて贅沢。さすが三千年の歴史、と。いまではスーパーやコンビニ、自販機でどこでも買えますが、ある時期までは異国の香りの「特別なお茶」だったように思います。普段飲むものでは、なんといっても麦茶。夏も冬も、いっぱい作って冷蔵庫に常備しています。

わがやがカフェになる

この本の〝お茶〟には、「お茶する？」が飲み物全般を指すように、コーヒー、紅茶、ハーブティー、日本茶、中国茶を含みます。普段飲んでいるお茶の意外な効能効果や、突然の来客にも困らないおいしいお茶の淹れ方、ちょっとしたおもてなしのコツ、歴史やマメ知識など。イラストを交えたQ&Aで楽しく紹介しています。

注文書

帳合・書店名

ご担当者名

冊

補充注文

「うちでお茶する？」のコツ100

発売　雷鳥社　TEL:03-5303-9766　FAX:03-5303-9567
著者　三宅貴男
ISBN 978-4-8441-3671-2　¥1600
1,728円（本体＋税）

らいちょう通信　雷鳥社 RAICHOSHA
〒167−0043
東京都杉並区上荻 2-4-12　TEL:03−5303−9766
FAX：03−5303−9567
vol.41
2015. 11. 5 発行

雷鳥社では、毎月書店向きに「らいちょう通信」をファックスしている。
「編集者・ライターのための必修基礎知識」に掲載したところ、
好評だったので、本書でもいくつか紹介させていただく。

編集の技術・発想法は、
すべての仕事の現場で役立ちます。

「編集者・ライターのための必修基礎知識」(雷鳥社刊)は、「編集」という仕事について、入門者から中上級者にいたるまでが必要な知識と考え方を学べるようつくられています。特徴は、小出版社である雷鳥社における実例をなるべくたくさん取り上げていること。あらゆる編集の現場で役立つきわめて身近で実践的な方法論を身につけることができます。

本書は、この書籍を下敷きにつくられました。参考までに「編集者・ライターのための必修基礎知識」の目次の抜粋を掲載しておきます。本書とあわせて、ご利用いただけるとより効果的です。

01 ▸ 編集者の仕事とは
「編集者のキャスティング術」「アートディレクターとしての編集者」他、全7項目

02 ▸ 企画を立てる
「企画脳を育てるコツ」「企画書の書き方」他、全10項目

03 ▸ 取材をおこなう
「取材当日までに調べておくべきこと」「五感を使って取材する」他、全14項目

04 ▸ 原稿の書き方
「誌面の第一印象を演出するキャプション」「原稿は書き出しで決まる」他、全14項目

05 ▸ 原稿整理と校正・校閲
「単位記号の表記について」「校正の進め方」他、全14項目

06 ▸ デザインする
「いいデザインとはなにか」「デザイナーへの依頼方法」他、全18項目

07 ▸ 印刷する
「インキについての基礎知識」「印刷会社を選ぶ」他、全10項目

08 ▸ 著作権を知る
「出版社の出版権とは」「翻訳出版のチェックポイント」他、全22項目

09 ▸ 出版流通を知る
「再販売価格維持制度」「流通正味」他、全9項目

10 ▸ 電子書籍の現状と未来
「電子書籍を出版する」「売れる電子書籍」他、全6項目

[付録]出版契約書の例

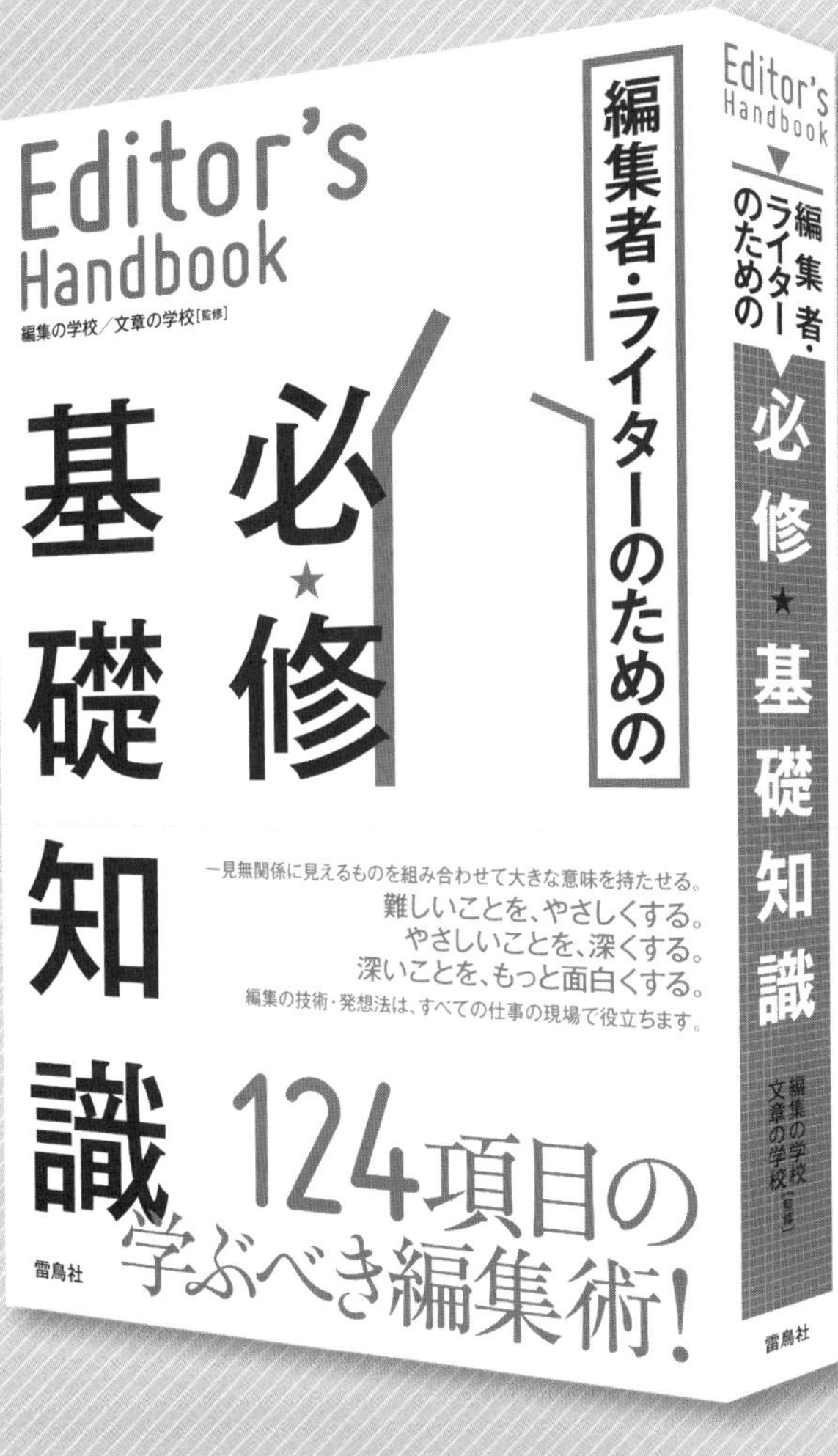

「Editor's Handbook
編集者・ライターのための必修基礎知識」

雷鳥社刊／編集の学校監修
￥1800＋税

編集の学校／文章の学校

渋谷駅徒歩1分。1995年開校。「編集する」「書く」「著書を出す」をキーワードに、講座やワークショップ・イベントを実施。仕事にすることを視野に入れ、プロになるための知識や技術を学ぶ学校です。修了生は、集英社、小学館、講談社、日経BP社、東洋経済新報社、宝島社、洋泉社、早川書房、扶桑社、KADOKAWA、新潮社、徳間書店、プレジデント社、ダイヤモンド社など数多くの出版社で、編集者やライターとして活躍。
『エンジェル・フライト』（集英社）で第10回開高健ノンフィクション賞を受賞、話題作『紙つなげ！』（早川書房）の著者佐々涼子、『北京陳情村』（小学館）で第15回小学館ノンフィクション大賞優秀賞を受賞した田中奈美など、ノンフィクションライターも輩出。

[編集の学校]
◎編集業界への第一歩はここから
「編集者・ライター養成基礎コース」
[文章の学校]
◎書くことで自分になにができるのかを探る
「評論・ノンフィクションを書く」
◎フィクションの世界でできることを広範囲に体験
「小説・シナリオを書く」

〒150-0002 東京都渋谷区渋谷1-14-11 小林ビル7階
Tel 03-3400-7474 Fax 03-3400-4545
info@editorschool.jp
http://www.editorschool.jp
http://twitter.com/henshunogakko
http://www.facebook.com/editorschool

柳谷杞一郎

編集の学校／文章の学校代表。1957年生まれ。広島県広島市出身。慶応大学文学部卒業。フリーライター、編集者を経て、88年、エスクァイア日本版の月刊化に際し、編集者として参加。91年、カメラマンに転身。著書に「写真でわかる謎への旅イースター島」「写真でわかる謎への旅マチュピチュ」「大事なことはみんなリクルートから教わった」他、多数。

佐々涼子

編集の学校／文章の学校卒業生。1968年生まれ。神奈川県横浜市出身。早稲田大学法学部卒業。日本語教師を経てフリーライターに。12年「エンジェルフライト　国際霊柩送還士」で第10回開高健ノンフィクション賞」を受賞。著書に「たった　人のあなたをすくう駆け込み寺の玄さん」「紙つなげ!彼らが本の紙を造っている　再生・日本製紙石巻工場」など。

安在美佐緒

編集の学校／文章の学校事務局長。1964年生まれ。栃木県那須塩原市出身。早稲田大学教育学部卒業。広告制作会社を経て編集の学校／文章の学校の立ち上げに参画。編集・文章に関する書籍「編集者・ライターのための必修基礎知識」「ライターになるための練習問題100」の他、写真集やwebマガジンHigh Photo Japan、「フォトグラファーズ」などの編集も。

編集者・ライターのための練習問題101

101

発行日　平成28年3月30日　初版第一刷発行

発行人　柳谷行宏

発行所　雷鳥社
〒167-0043
東京都杉並区上荻2-4-12
TEL. 03-5303-9766
FAX.03-5303-9567
HP http：//www.raichosha.co.jp
E-mail info@raichosha.co.jp
郵便振替：00110-9-97086

監修　編集の学校／文章の学校
編集　柳谷杞一郎
編集アシスタント　益田 光
執筆　問題1-16、18-22、53-101：柳谷杞一郎
問題17：佐々涼子／
問題23-52：安在美佐緒
デザイン　上田宏志（ゼブラ）
印刷・製本　株式会社 光邦

ISBN 978-4-8441-3693-4 C0090